اقتصاديات التعليم

# اقتصاديات التعليم

أ.ياسر خالد سلامة

الطبعة العربية الأولى ٢٠١٠

حقوق الطبع محفوظة

---

مركز الكتاب الأكاديمي

عمان- شارع الملك حسين- مجمع الفحيص التجاري

ص.ب: ١٠٦١ الرمز البريدي ١١٧٣٢- تلفاكس ٤٦١٩٥١١-٩٦٢+

E-mail:a.b.center@hotmmail.com

رقم الإجازة المتسلسل لدى دائرة المكتبة الوطنية.

رقم الإيداع لدى دائرة المكتبة الوطنية(٤٥١١/١٠/ ٢٠٠٩)

ISBN 978-9957-35-012-3 ردمك

---

# اقتصاديات التعليم

تأليف
أ. ياسر خالد سلامة

الطبعة الأولى
2010 م - 1431هـ

مركز الكتاب الأكاديمي
ACADEMIC BOOK CENTRE

# محتويات الكتاب

# المقدمة

يحرص مركز الكتاب الأكاديمي على رفد المكتبة العربية بكل ما هو جديد وموثق في صناعة الكتاب. وجديد إصداره اليوم، كتاب إقتصاديات التعليم.

تميز كتاب اقتصاديات التعليم بشموله أولاً، وإعتماده على الحديث من المراجع الموثوق بمادتها ومؤلفيها ثانياً. يتضمن الكتاب ستة فصول، تشمل:

**الفصل الأول:** على طرق تحديد التأثيرات التي يتركها التعليم في النمو الاقتصادي، وطرق حساب عناصر الكلفة التعليمية، وطرق قياس انتاجيه النشاطات التعليمية من الناحية الاقتصادية، وطرق تحديد أساليب التمويل في التعليم.

**ويحتوي الفصل الثاني،** طبيعة النشاطات التعليمية، وصيغ تأثير التعليم في النشاط الاقتصادي، بالإضافة إلى أنواع العائد الاقتصادي للتعليم.

**وجاء الفصل الثالث،** يشتمل على أساليب حساب العائد الاقتصادي للتعليم، استناداً إلى عنصر المهارة، والتقدم العلمي والتكنيكي، وعنصري الادخار وترشيد الاستهلاك، وأسلوب قياس العائد الفردي للتعليم.

**ويأتي الفصل الرابع،** ليتضمن اتجاه الانفاق في التعليم، وصيغه، ومفهوم الكلفة وأنواعها، وأساليب حساب الكلفة في التعامل.

وأخيراً، احتوى **الفصل الخامس** دور التمويل في فاعلية النظام التعليمي، وصيغ التمويل في التعليم.

لقد جاء كتاب " إقتصاديات التعليم " ليثري معلومات طلبة لكليات التربية والاقتصاد، بما يحتاجونه من معلومات يُعتمد عليها، موثقة من مظانها الأصلية، وسيظل كتاباً جديراً بالإهتمام، جديراً بالاقتناء.

و الله من وراء القصد

الناشر

# الفصل الأول
# طرق البحث التي تستخدم في الدراسات الاقتصادية في التعليم

## المحتويات

- طرق تحديد التأثيرات التي يتركها التعلم في النمو الاقتصادي.

- طرق حساب عناصر الكلفة التعليمية.

- طرق قياس إنتاجية النشاطات التعليمية من الناحية الاقتصادية.

- طرق تحديد أساليب التمويل في التعليم.

# الفصل الأول
# طرق البحث التي تستخدم في الدراسات الاقتصادية في التعليم

أنصب اهتمام معظم المهتمين بالموضوعات الاقتصادية في التعليم في هذا القرن على موضوع يعد أحد المواضيع الأكثر أهمية في مجال تطوير الدراسات الاقتصادية في التعليم،الذي أثر على الإطلاق في كل المعالجات التي ذكرت أعلاه، سواء من حيث شموليتها أم من حيث دقتها وواقعيتها وهذا الموضوع هو ما يخص محاولات المعنيين في تحديد مجموعة الطرق والأساليب والأدوات العلمية الضرورية للتعامل مع المواضيع التعليمية من وجهة نظر اقتصادية، واحتلت هذه المسألة أهمية كبيرة عند الاقتصاديين والتربويين على الإطلاق لما لها من تأثير كبير على النتائج والأحكام والقوانين التي يتم التوصل إليها وما تعكسه تلك النتائج والتعميمات من آثار في واقع التعامل مع النشاطات التعليمية، وفي مجمل النشاطات الاقتصادية والاجتماعية والثقافية للمجتمع، وهكذا برز اتجاه قوي عند معظم المهتمين والمشتغلين في المجالات الاقتصادية التعليمية نحو تصنيف وتحديد الطرق والأدوات العلمية الضرورية لمعالجة الموضوعات التي تدخل ضمن اهتمامهم بصفتها مسلمات وشروط لا بد منها قبل البدء بالبحث أو في اثناء النشاطات العلمية التي كانت تجري في المجالات الاقتصادية التعليمية، وقد وضعت لكل مجال رئيسي مجموعة من الطرق والأساليب الضرورية التي تمثل الإطار العام لكيفية التعامل مع الموضوعات التفصيلية التي تدخل في ذلك المجال، أي أنهم حددوا لكل مجال رئيس إطارا عاما لطرق البحث العلمي، والذي حدد بدوره طبيعة الطرق والأساليب التي لابد أن تتبع في المعالجات التي تخص الموضوعات العامة لهذا المجال، واحتوى هذا الإطار العام في الوقت نفسه على مجموعة من الطرق والأساليب التفصيلية التي تتفق مع الخواص التفصيلية للظواهر التي هي موضع المعالجة الاقتصادية، ويمكننا تصنيف هذا

الأطر العامة لطرق وأساليب البحث العلمي التي استخدمت من قبل الباحثين في المجالات الاقتصادية التعليمية في هذا القرن بما يأتي:-

1- طرق تحديد التأثيرات التي يتركها التعليم في النمو الاقتصادي.

2- طرق حساب عناصر الكلفة التعليمية.

3- طرق قياس إنتاجية النشاطات التعليمية من الناحية الاقتصادية.

4- طرق تحديد أساليب التمويل في التعليم.

**وسنحاول تشخيص خاصية كل مجموعة من هذه المجموعات تبعاً لطبيعة تلك الطرق والأدوات التي تستخدمها في مجال معالجة الظواهر التي تدخل في إطار اهتمامها.**

## -طرق تحديد التأثيرات التي يتركها التعليم في النمو الاقتصادي-

لقد نالت هذه المجموعة من طرق البحث العلمي في المعالجات الاقتصادية للتعليم اهتماما كبيرا من قبل معظم الاقتصاديين والتربويين في هذا القرن، وعولجت هذه المجموعة من الأساليب العلمية في البحث الاقتصادي في التعليم قبل غيرها من المجامع التي ذكرت آنفا، بل يعد التقدم الذي حقق في هذا المجال سببا مباشرا للتوجه نحو المجالات الأخرى، ونحو تحديد وتطوير طرق وأدوات البحث فيها، وترجع البدايات الأولى للاهتمام بهذه المجموعة إلى المحاولات التي أبداها اقتصاديوا أواخر القرن التاسع عشر حين حاولوا الابتعاد بقدر ما كان يوفرها لهم التقدم العلمي من الإمكانات في مجال البحث العلمي وفي مجال الأدوات العلمية الضرورية للمعالجات الاقتصادية في هذا المجال، عن الاستنتاجات العقلية المبينة على التأمل المنطقي في مجال العلاقة بين التعليم ونمو الإنتاج وفي مجال التأثير على النشاطات الاقتصادية عموما، أصبحت تلك المحاولات الأولى فاتحة لدراسات متطورة في هذا القرن،كما أن الإمكانات التي وفرها التقدم العلمي والتكنيكي في مجال استخدام الأساليب الإحصائية المتطورة وتوفر الأدوات ذات الإمكانات العالية في إعطاء النتائج الدقيقة لمسائل معقدة، نتيجة احتواء تلك المسائل على علاقات عديدة ومتشابكة يتعذر تفسيرها وتحليلها والخروج بنتائج دقيقة عنها عن طرق استخدام الطرق والأدوات التقليدية والجهود الذاتية للباحث سهلت تطوير الأدوات العلمية الضرورية للكشف عن مختلف العلاقات التفصيلية والتأثيرات المتبادلة بين النشاطات التعليمية والنشاطات الاقتصادية أو التأثيرات المتبادلة بين بعض عناصر التعليم وعناصر الإنتاج، ومن جانب أخر يعد الاهتمام الكبير الذي وجه للنمو الاقتصادي في معظم البلدان في هذا القرن سببا هاما في البحث عن أفضل الظروف التي تمكن من تحقيق وتائر أسرع في النمو الاقتصادي وتلافي الأزمات الاقتصادية، ولهذا خضعت العلاقات والتأثيرات المتبادلة بين التعليم والنشاطات الاقتصادية لمعالجات دقيقة ساعدت على تطوير أساليب وأدوات البحث في هذا المجال وتطوير الجوانب النظرية التي تتعلق بأوجه العلاقة بين التعليم ومؤسساته وبين النشاطات الإنتاجية والاقتصادية العامة، غير أنه لابد من التأكيد أيضا على أن تزايد الاهتمام بهذا الموضوع ومعالجته من جوانب متعددة أدى إلى تعدد وجهات نظر الباحثين في اختيار نجع الأساليب التي تستطيع

قياس تلك العلاقات التي تربط بين التعليم والعمليات الإنتاجية والاقتصادية،وان هذا التعدد أدى بدوره إلى ظهور مجموعة من الأطر ضمن الإطار العام لأساليب قياس التأثيرات التي يتركها التعليم في نمو الإنتاج ونمو الاقتصاد الوطني ونمو مداخيل الأفراد وكان لهذا التعدد في وجهات نظر الباحثين والمهتمين بالمعالجات الاقتصادية في التعليم عوامل متعددة وأدت في المحصلة النهائية إلى تباين النتائج التي تم التوصل إليها في هذا الصدد، ومن بين أهم هذه العوامل اختلاف طبيعة النشاطات التعليمية عن النشاطات الاقتصادية، وقد أدت هذه الحقيقة إلى الاختلاف والتباين بين الأساليب التي استخدمت من قبل الباحثين في هذا المجال تبعا لدرجة إدراك الباحث لهذا الاختلاف بين طبيعة كلا النوعين من النشاطات، ولهذا نلاحظ أن هناك من حاول تطويع النشاطات التعليمية للمعايير الاقتصادية البحتة بوصفها نشاطا لا يختلف من حيث الطبيعة كثيرا عن النشاطات الاقتصادية الأخرى في مجال الخدمات العامة أو الخدمات الإنتاجية، ونلاحظ أيضا أن هناك من حاول التمييز بين النشاطات الاقتصادية الصرفة والنشاطات التعليمية أخذا بنظر الاعتبار في حدود معينة طبيعة هذه النشاطات عند المعالجات الاقتصادية،كما أن هناك من يقترب لهذا الحد أو ذاك في مجال التعامل الاقتصادي مع النشاطات التعليمية، إن هذا التباين في المنطلقات النظرية حول تفسير طبيعة النشاطات التعليمية كان عاملا حاسما في تباين أساليب معالجة هذه الظاهرة، وأدى في النتيجة النهائية إلى جملة استنتاجات متباينة أساليب معالجة هذه الظاهرة وأدى في النتيجة النهائية إلى جملة استنتاجات متباينة من حيث الشمول والدقة، ويرجع العامل الثاني في تباين وجهات نظر الباحثين إلى أساليب قياس العائد التعليمي أو قياس الآثار التي يتركها التعلم في النمو الاقتصادي إلى التباين في المنطلقات الاقتصادية النظرية في مجال تحديد عوامل الإنتاج وعوامل نمو الدخل القومي، وبذلك أثر هذا التباين في المنطلقات النظرية في نوعية النتائج التي تم التوصل إليها في هذا الصدد، لقد أعطت النظريات الاقتصادية التي تعد العمل الحي المبذول عاملا حاسما في نمو الإنتاج والدخل القومي دورا كبيرا للتعليم في مجال التأثير في نمو الاقتصاد الوطني، في حين حددت نظريات اقتصادية أخرى دور التعليم من خلال تحديدها لدور مجموعة من عوامل الإنتاج كرأس المال، والعمل، والتقدم العلمي والتكنيكي وحسمت دور التعليم بعد حسم دور كل عامل من العوامل التي تسهم في

زيادة الإنتاج، وهكذا أدى هذا التباين للمنطلقات النظرية في حسابات الدخل القومي وفي تحديد عوامل الإنتاج إلى تباين الأساليب التي استخدمت في قياس أثر التعليم على النمو الاقتصادي، أما العامل الثالث فيرجع إلى اختلاف وجهات نظر الاقتصاديين إلى تحديد وتقويم نوع التعليم الذي يعد ذا تأثير في العمليات الإنتاجية، فقد ذهب قسم من المهتمين إلى أن التعليم المهني والفني هو وحده يؤثر في زيادة الإنتاج لارتباطه بالأعداد المباشر للقوى العاملة الماهرة لمختلف فروع الإنتاج، ومنهم من يرى أن كل أنواع التعليم، التعليم العام والتعليم المهني والفني، لها تأثير في النشاطات الاقتصادية، ويرون أن التعليم العامة له تأثير غير مباشر في النشاطات الاقتصادية إذ يرتبط بالمستوى الثقافي العام للمجتمع وما يتركه هذا المستوى من تأثيرات في القرارات الاقتصادية للمجتمع والأفراد، وهكذا فان اختلاف وجهات النظر في هذا المجال أيضا أسهم في تنويع الأساليب وطرق البحث في هذا المجال، وهكذا يمكننا استنادا إلى العوامل التي ذكرت آنفا واستنادا إلى طبيعة بعض الموضوعات المتعلقة بالأثر الاقتصادي للتعليم، أن نميز عددا من الطرق استخدامها الاقتصاديون والباحثون في هذا القرن في مجال قياس أثر التعليم في نمو الإنتاج وفي النمو الاقتصادي، وهي كالآتي:

1- طريقة الترابط البسيط.

2- طريقة تحليل العوامل المتبقية.

3- طريقة حساب" درجات الإعادة" لنفقات التعليم.

4- طريقة حساب الاحتياجات من القوى العاملة.

5- ولبيان خاصية كل طريقة من هذه الطرق المستخدمة في مجال تحديد الأثر الاقتصادي للتعليم، سوف نتناول بصورة مكثفة الإطار العام لكل طريقة من هذه الطرق.

1- **طريقة الترابط البسيط:** تعتمد هذه الطريقة على مقابلة المؤشرات العامة في التغييرات التي تحصل في مجال التعليم للتغيرات الحاصلة في مجال الاقتصاد في سبيل الكشف عن العلاقات التي قد تربط بين النوعين من التغييرات، أي في سبيل الكشف عن مدى انعكاس التغييرات التي تحصل في حجم التعليم ونوعيته على حجم الإنتاج ونوعيته وعلى سعة النشاطات الاقتصادية ونوعية تلك النشاطات أو على العكس تكشف من خلال هذه المقابلة العلاقة بين التغيرات التي تحصل في مجال الاقتصاد والتغييرات التي تحصل في مجال التعليم فبواسطة هذه الطريقة يمكننا تقدير أو تحديد دور كل من التعليم والاقتصاد في التغييرات التي تحصل في كل منهما ويتطلب استخدام هذه الطريقة وجود مجموعة تفصيلية من الطرق والأدوات لقياس التأثيرات المتبادلة و في المقارنات التي تجري بين التغييرات التي تحصل في فترات زمنية في كلا المجالين ويستلزم استخدام هذه الطريقة أيضا مختلف الوسائل الإحصائية الضرورية لبيان درجات الارتباط أو درجات التباين بين مختلف المتغيرات الداخلة في التعليم والاقتصاد، ويصلح استخدام هذه الطريقة في الكشف عن العلاقات سواء على صعيد القطر الواحد عندما يؤخذ مؤشرات التغيير في كلا المجالين ضمن سلسلة زمنية معينة وكأنه تقابل مؤشرات التغيير في عناصر التعليم في عدد من السنوات بالتغيرات التي حصلت خلال الفترة الزمنية نفسها في مجال الاقتصاد أم الإنتاج، أو على صعيد عدد من الأقطار عندما تؤخذ مؤشرات النمو التعليمي أو مؤشرات التغيير في عدد من عناصر التعليم لمجموعة من الأقطار وتقابل تلك التغييرات بالتغيرات التي حصلت في مجال الدخل القومي أو في مجال نمو الإنتاج الاجتماعي أو أي عنصر اخرمن عناصر النشاطات الاقتصادية، إن هذا النوع من الترابط بين التغييرات التي تحصل في مجال التعليم والتغييرات التي تحصل في مجال الاقتصاد لمجموعة من الدول، ويسمح بشكل أفضل في تحديد هذه العلاقة التي تربط بين المجالين، حيث تسمح مقابلة التغيرات التعليمية أو مقابلة الأوضاع التعليمية لبلد ما مع وضعه الاقتصادي ضمن سلسلة من هذه المقابلات لبلدان متعددة تختلف فيما بينها من حيث التطور الاقتصادي والتعليمي، تحديدا للعلاقة التي تربط بين هذين المجالين، كأن يظهر أن الاقتصاد المتطور يرافق المستوى العالي من التعليم من حيث الكم والنوع، أو كأن ترافق ظاهرة التخلف الاقتصادي ظاهرة التخلف في مجال التعليم وهكذا فمن

خلال وجود تصنيف المؤشرات من هذا النوع نستطيع الخروج باستنتاجات حول العلاقة بين النمو الاقتصادي والتعليم أو بالعكس لقطر ما أو لمجموعة من الأقطار وقد استخدم الاقتصادي الألماني ايدنج Edding الطريقة هذه في معالجة موضوع العلاقة والتأثير المتبادل بين التعليم والنمو الاقتصادي لمجموعة من الأقطار آخذا بنظر الاعتبار العلاقة بين النفقات المخصصة للتعليم ودرجة التطور الاقتصادي أو بالعكس في الأقطار التي كانت موضع دراسته، وهكذا توصل إلى أن البلدان التي تخصص نفقات عالية للتعليم هي بلدان متطورة اقتصاديا، وان حجم النفقات التعليمية تتناسب طرديا ارتفاعا وانخفاضا مع درجة التطور الاقتصادي، واستخدم كل من هاريبسون F.Harbison ومايرس Ch.A.Myers الطريقة نفسها في دراسة حول العلاقة بين تعليم القوى العاملة النمو الاقتصادي، وتستخدم إلى جانب الصيغة المذكورة آنفا لطريقة الترابط البسيط بين التغييرات التعليمية والتغييرات الاقتصادية، صيغة أخرى لهذا النوع من الترابط، وتتلخص بمقارنة نتائج العمل في مؤسسات إنتاجية تتصف بإنتاج نوعا واحدا من المنتوج، وتتصف أيضا بظروف عمل متشابهة من حيث مستوى التكنيك المستخدم في الإنتاج أو من حيث حجم رأس المال المستخدم فيه،غير أن هذه المؤسسات تختلف فيما بينها في مستوى مهارة العاملين، فالفارق الذي يظهر بين إنتاجية هذه المؤسسات يعزى إلى عامل مهارة القوى العاملة، أي أن التباين الذي يظهر في حجم ونوعية الإنتاج إلى الفارق الموجود بين مستويات مهارة العاملين فعن طريق مقارنات من هذا النوع نستطيع قياس الدور الذي يلعبه التعليم المتمثل بمستوى مهارة العاملين في زيادة الإنتاج ويؤدي استخدام هذه الصيغة لطريقة الترابط البسيط إلى نتائج أدق قياسا للصيغة الأولى التي ذكرت آنفا إذ أن مسألة تفسير العلاقة النسبية بين التغييرات في مجال التعليم والتغييرات التي تحصل في مجال الإنتاج والاقتصاد في الصيغة السابقة تجابه صعوبات كبيرة، والصعوبة تأتي أساساً من عدم إمكانية التحديد الدقيق للعلاقة التي تربط بين كلا النوعين من التغييرات، كما أن هذه العلاقات لا تؤدي في حالات عديدة إلى ظواهر أو نتائج متشابهة فقد تفسر في بعض الحالات إن التعييرات الايجابية في مجال التعليم، أدى إلى حصول تغييرات ايجابية في مجال الاقتصاد، إذ أن هناك حالات لا تقابل التغييرات الايجابية التي تحصل في مجال التعليم تغييرات ايجابية مماثلة في مجال النمو الاقتصادي،

فعلى سبيل المثال هناك حالات ترافق فيها الزيادة في النفقات التعليمية نمو في الداخل القومي أي أن الدخل القومي النامي يستطيع توفير حجم متزايد من النفقات المالية الموجهة لمؤسسات التعليمية، غير أن هناك حالات أخرى تكون فيها الزيادة في النفقات التعليمية على حساب نفقات استثمارية لمرافق التعليمية المتزايدة عبئا كبير على نمو الدخل القومي، وفي الحالة هذه تكون النفقات التعليمية المتزايدة عبئا أو عائقا أمام النمو الاقتصادي، وهكذا نلاحظ أن صيغة الترابط من خلال مقابلة التغييرات التي تحصل في التعليم بالتغييرات التي تحصل في النمو الاقتصادي لا تستطيع دائما وفي كل الحالات أن تحدد الدور الذي يلعبه التعليم في النمو الاقتصادي أو التأثير الذي يتركه على نمو الإنتاج، وعلى العكس من هذه الصيغة للترابط البسيط، تستطيع الصيغة الثانية تحديد العلاقات بين التعليم ونمو الإنتاج في المؤسسات بصورة أكثر دقة ووضوحا وتتصف الأدوات التي تستخدمها بكونها أدوات أكثر اطمئنانا من الناحية العلمية، إذ تحاول هذه الصيغة الكشف عن دور التعليم وسبب التغييرات التي تحصل في الإنتاج بعد تثبيت أثر العوامل الأساسية الأخرى للإنتاج، حجم الرأس المال، وحجم القوى العاملة، والمستوى التكنيكي في المؤسسات التي تجري عليها المقارنات، إذ أن تثبيت أكثر هذه العوامل يجعل من احتمال تعليل سبب زيادة الناتج بكونها زيادة بسبب التعلم احتمالا عاليا وأكثر دقة من الناحية العلمية قياسا للافتراضات التي ترافق تفسير العلاقة بين التغييرات التي تحصل في مجال التعليم والتغييرات الاقتصادية في الصيغة السابقة لطريقة الترابط البسيط.

2- **طريقة تحليل العوامل المتبقية:** تستخدم هذه الطريقة في حساب أثر التعليم في النمو الاقتصادي على المستوى الوطني أو في زيادة الإنتاج على مستوى المؤسسات والقطاعات الإنتاجية عن طريق تحليل العوامل التي تؤدي إلى تكوين الإنتاج فيحدد دور كل عامل من هذه العوامل في عملية الإنتاج ومن ثم يحدد درجة مساهمته في زيادة الإنتاج، وبهذه الطريقة يتم تحديد دور كل عامل قياسا للعوامل الأخرى في أولا مدى مساهمته في تكوين الإنتاج وثانيا:مدى التأثير الذي يتركه في حالة إجراء أية تغييرات عليه حجم التغيرات التي تحدث في الإنتاج وتصنف عادة العوامل الرئيسة التي تسهم في تكوين الإنتاج أو في زيادته إلى عامل رأس المال المستخدم في

عملية الإنتاج وعامل كمية العمل المتمثلة و بحجم القوى العاملة المستخدمة في عملية الإنتاج، ومجموعة أخرى من العوامل التي تسهم بصورة مباشرة وغير مباشرة في تكوين الإنتاج أو في زيادته مثل عوامل التقدم العلمي والتكنيكي، ومهارة القوى العاملة والمستوى الثقافي والمعرفي للقوى العاملة، وهذه العوامل اصطلح على تسميتها باسم " العوامل المتبقية" وتختلف عن العوامل الأخرى الرئيسة، رأس المال وكمية العمل-في المواضع الآتية:-

**أولا:** يعد كل من عاملي رأس المال وكمية العمل عوامل مؤثرة مباشرة في نتائج عملية الإنتاج حيث يستنفذ كامل وظائف كلا العاملين في العملية الإنتاجية، غير أن العوامل المتبقية تحتوي على مجموعة من العوامل التفصيلية التي يؤثر كل منها بدرجات متفاوتة في العملية الإنتاجية كما أن البعض منها يدخل في عملية الإنتاج كعوامل مباشرة كما هو الحال لعوامل التقدم التكنيكي أو مستوى مهارة العاملين ومنها قد لا يدخل مباشرة في عمليات الإنتاج أو قد تظهر تأثيراته من خلال العوامل الأخرى، أو قد يؤثر في الظروف التي تحيط بالنشاطات الاقتصادية والإنتاجية كعوامل التقدم العلمي وتنشيط حركة البحث العلمي أو المستوى الثقافي والمعرفي العام للقوى العاملة ولأبناء المجتمع، أو المستوى الصحي للعاملين الخ.

**ثانيا:** إن كلا من عاملي رأس المال وكمية العمل عاملان محددان من حيث طبيعتهما، وأما "العوامل المتبقية"فيصعب تحديد جميع مكوناتها بدقة وتحديد علاقة كل عنصر من هذه العناصر المكونة لها تجاه العناصر الأخرى، وتحتوي هذه العوامل المتبقية على مجموعة من العوامل التفصيلية، وفي كثير من الأحيان تتفرع من العوامل التفصيلية هذه عوامل فرعية أخرى، ولذلك يصعب تحديد كل العوامل الداخلة في العوامل المتبقية والذي يؤدي بدوره إلى صعوبة تحديد كل من هذه العوامل التفصيلية في زيادة الإنتاج أو في النمو الاقتصادي فيصعب مثلا تحديد دور عامل التعليم في عملية تكوين الإنتاج وزيادته، لأنه يؤثر أولا من خلال مجموعة من العوامل ولا يظهر بصورة مستقلة، يظهر التعليم من خلال أكثر من عامل من "العوامل المتبقية" إذ يظهر من خلال

مهارة العاملين، ومستوى وعي وثقافة العاملين، وثانيا لوجود عوامل أخرى تعمل إلى جانب التعليم وتؤثر بدرجات متفاوتة في عملية الإنتاج كالمستوى الصحي للعاملين أو المستوى المعيشي.

**ثالثا:** صعوبة تقدير دور " العوامل المتبقية" بدقة من الناحية الكمية إحصائيا لصعوبة قياس دور كل عامل من العوامل التي تضمنها بدقة، ولذلك عرضت هذه الخاصية النتائج التي تم التوصل إليها في مجال تحديد دور التعليم في زيادة الإنتاج إلى شكوك كبيرة نابعة من عدم إمكانية تحديد وقياس الدور الفعلي لهذا العامل في عملية النتاج أو في زيادته، على العكس من العوامل المباشرة الأخرى، عامل رأس المال وكمية العمل اللذين يمكن تحديد دورهما بدقة لسبب كونهما عاملين يمكن قياسهما كميا، إن هذه الصعوبات في تحديد وقياس دور كل عامل من"العوامل المتبقية" لم تمنع من استخدام هذه الوسيلة في الكشف عن علاقة التعليم وأثره في نمو الاقتصاد الوطني أو نمو الإنتاج، وخاصة إذا علمنا إن عنصر التعليم والمعرفة والعلم يشكل الجزء الأعظم من تلك العوامل المتبقية، ولذلك استخدمت هذه الطريقة بصورة واسعة رغم الملاحظات التي أوردناها في مجال عدم دقتها لعدم إمكانية الاستعاضة ببديل آخر في الوقت الحاضر في الأقل أو الاستعاضة بصيغة أخرى منقحة تستطيع تحديد دور عامل التعليم في نمو الإنتاج على صعيد الاقتصاد الوطني وعلى صعيد المؤسسات بصورة أفضل وهكذا تحلل عوامل الإنتاج ويحدد حجم الزيادة إلى العوامل المتبقية التي يشكل التعليم والمعرفة والمعلم الجزء الأعظم منها، وفي الدراسات التطبيقية التفصيلية يحسب دور التعليم من خلال مهارة العاملين التي تنعكس على نوعية العمل المستخدم في الإنتاج برأس المال، وكمية العمل، ونوعيته، وتحسم أدوار عوامل زيادة الإنتاج استنادا إلى هذه العوامل الثلاثة، ويتم حساب دور هذه العوامل بصيغ مختلفة،فالصيغة الأولى يحسب فيها دور كل عامل من هذه العوامل ضمن فترات زمنية تتضمن عددا من السنوات، إذ يتم تحديد حجم دور كل عامل من عوامل الإنتاج سنويا وما يقابله من الزيادة أو التغيير في حجم الإنتاج لتلك السنة، مع بقاء العوامل الأخرى ثابتة ومن خلال سلسلة من السنوات نستطيع

تحديد دور كل عامل من عوامل الإنتاج، وأما الصيغة الثانية فيحسب فيها دور العوامل المتبقية عن طريق المقابلة والمقارنة بين مؤسسات تنتج نوعا واحدا من الإنتاج وتتشابه من حيث حجم رأس المال وكمية العمل وظروف الإنتاج وخاصة من حيث المستوى التكنيكي وتتشابه أخيرا في مستوى مهارة العاملين، وسوف يرجع أي تغيير أو أية زيادة تحدث في حجم الإنتاج نتيجة إجراء تغير أو تحسين لنوعية مهارة العاملين في أية مؤسسة من المؤسسات مع بقاء هذا العامل والعوامل الأخرى ثابتة في كل المؤسسات الأخرى التي تجري معها المقارنة إلى " العوامل المتبقية" وبالضبط إلى عامل التعليم وبهذا الأسلوب يحدد دور عامل التعليم بين عوامل الإنتاج الأخرى عن طريق من هذا النوع في فترات زمنية تتمثل بعدد السنوات فعن طريق هذه المقارنات وإجراء تغيير في كل مرة لأحد عوامل الإنتاج وبصورة دورية، كأن يكون التغيير مرة في مستوى مهارة العاملين ومرة أخرى في حجم رأس المال ومرة ثالثة في عدد العاملين مع بقاء العوامل الأخرى ثابتة في كل حالة وبهذا سوف نستطيع تحديد دور كل عامل من عوامل الإنتاج في الزيادة التي تحصل في حجم الإنتاج لكل مؤسسة من المؤسسات التي تخضع للمقارنة.

## -طريقة حساب" درجات الإعادة" لنفقات التعليم-

وتستخدم هذه الطريقة عادة ضمن صيغتين تستخدم أما لحساب العوائد التربوية للأفراد الناجمة عن النفقات التي وجهت من قبل الأفراد لأغراض تعليمية أو تستخدم في حساب العوائد الاقتصادية للنفقات التعليمية على صعيد الاقتصاد الوطني ففي الصيغة الأولى تستخدم هذه الطريقة لحساب الفوائد الاقتصادية المترتبة على التعليم كاملة طوال حياة الفرد الإنتاجية، ومقارنة ذلك بالموارد المالية التي أنفقت فعلا في سبيل تحقيق ذلك النوع من التعليم بعد خصم تلك النفقات الفعلية التي وجهت لذلك النوع من التعليم الذي يمتلكه الفرد وهنا لابد من التأكيد على أن الفوائد الاقتصادية المترتبة على التعليم تحسب من خلال ما يتقاضاه الفرد من أجور في طوال حياته الفعالة في ضوء ما يمتلكه من المستوى التعليمي وتستخدم هذه الطريقة عادة لإظهار   درجة التباين بين العوائد التي تترتب على مستويات تعليمية مختلفة كأن يحسب صافي الفوائد بصافي العوائد الاقتصادية

المترتبة على التعليم الثانوي والتعليم الابتدائي أو مقارنة العوائد التي تترتب على التعليم الثانوي بالتعلم الابتدائي، وتستهدف هذه الدراسات دائما بيان جدوى النفقات التي يوجهها الفرد في سبيل تعليم إضافي آخر وقد بينت دراسات عديدة أجريت في هذا المجال جدوى هذه النفقات حيث تؤكد الدراسات على أن الفارق بين ما يتقضاه الفرد خلال حياته الإنتاجية أعلى أيضا مما يتقاضاه نتيجة تعليمه الثانوي، كما بينت هذه الدراسات الفارق الكبير الموجود بين مجموع العوائد المالية الآتية نتيجة للأجور الذي يتقاضاه الفرد خلال حياته الإنتاجية الفعالة وبين حجم الأموال التي أنفقت فعلا لتحقيق ذلك المستوى من التعليم، وتحسب تلك العوائد المالية المترتبة أجوراً يتقاضاه الفرد في المستقبل بالقيمة التي هي في سنة الحساب أي يحسب عادة ما يطرأ من تغير على قيمة تلك الموارد نتيجة التضخم وكذلك يحسب قيمة النفقات التي تعوض مستقبلا من خلال ما يتقاضاه الفرد أجورا في المستقبل وسوف نتطرق لنماذج التفصيلية لتلك الحسابات في الفصل الخاص بالعائد فيما بعد ففي دراسة أجراها هيرمان ميلرH.P.MILLER في الولايات المتحدة الأمريكية يظهر بأن اضافة12.000دولار من أجل تحقيق تعليم إضافي ستحقق عائدا مدى حياة الفرد الإنتاجية تفوق100.000دولار، ونلاحظ في دراسة أخرى أجراها ميلر أن الفارق بين الفوائد التي يحققها مستوى تعليمي أدنى هو فارق كبير ففي دراسة أجراها عام1958، يرى أن معدل العائد لمدى حياة الفرد الإنتاجية المترتب على مستوى تعليم ابتدائي يقدر183.000دولار، وان معدل العائد المترتب على التعليم الثانوي يقدر بـ285.000 دولار، ومعدل الفوائد مدى حياة الفرد الإنتاجية المترتبة على مستوى تعليمي جامعي يقدر ب435.000 دولار، وحاول هوثاكر Houthakker هو الآخر دراسة هذا الموضوع وبيان الفارق الموجود بين مداخيل الأفراد بسبب التباين لمستوياتهم التعليمية، وكذلك حاول بيكر(G.Becker) قياس الفارق بين عوائد مختلف المستويات التعليمية من خلال الأجور التي يتقاضاها الأفراد في مختلف المهن التي يمارسونها، كما بين بينسون(ch.Benson) من خلال حسابات من هذا النوع واستخدام طريقة درجة الإعادة أن التعليم يمكن أن يمارس دورا هاما في تقريب مدخلات أفراد المجتمع الذين يمتلكون مستويات تعليمية واحدة أو مستويات متقاربة، أما الصيغة الثانية، فهي الصيغة التي تستخدم فيها هذه الطريقة لحساب العائد التعليمي على مستوى الاقتصاد الوطني،

هي حساب الفوائد الاقتصادية السنوية المترتبة على النفقات السنوية التي تخصص للتعليم على النطاق القطري، ويتداخل استخدام هذه الطريقة مع طريقة تحليل العوامل المتبقية في كثير من جوانب استخداماتها وخاصة في مجال تحديد حجم الزيادة في الدخل القومي الناتجة عن زيادة المستوى التعليمي والفارق الأساس بين استخدامات هذه الطريقة واستخدامات طريقة تحليل العوامل المتبقية هو أن الزيادة الناجمة في الدخل القومي عن مساهمة التعليم تحدد استنادا إلى حجم الأجور التي يتقاضاها العاملون وتحدد درجة نمو الدخل القومي الناجم بسبب زيادة مساهمة التعليم استنادا إلى الزيادة التي تحصل في النفقات التعليمية إلا أن المؤشر العام الذي يحدد في ضوئه الزيادة التي تحصل في الدخل القومي مؤشر الزيادة في النفقات المخصصة للتعليم من سنة إلى أخرى وتقارن هذه الزيادة بالزيادة التي تحصل في مجموع عائدات الأفراد لبيان مدى عائدية النفقات التعليمية ثم تقارن الزيادة التي تحصل في الدخل القومي نتيجة للعوامل الأخرى في سبيل بيان نسبة إسهام التعليم في نمو الدخل القومي، ويعد هنا حجم الأجور الذي يتقاضاه العاملون في ضوء مستوياتهم التعليمية بمثابة العائد الحقيقي للتعليم وعلى أساسه تحدد درجة مساهمة التعليم في نمو الدخل القومي وفي هذا الموضوع بالذات تكمن نقطة ضعف هذه الصيغة في حساب عائد التعليم ودرجة مساهمته في نمو الدخل القومي والنمو الاقتصادي عموما حيث أن كمية الأجور التي يتقاضاه العاملون تتأثر بمجموعة من العوامل إضافة إلى المستوى التعليمي منها درجة النمو الاقتصادي نفسه حيث أن الانتعاش الاقتصادي أحد العوامل الحاسمة في نمو المستوى المعيشي وزيادة الأجور الحقيقية للعاملين هذا من جانب ومن جانب آخر فان مقابلة حجم الأجور التي تتقاضاها القوى العاملة بالزيادة التي تحصل في نمو الدخل القومي نتيجة للاستثمارات المادية توضح الدور الحقيقي للتعليم في زيادة الدخل القومي حيث أن الزيادة الفعلية تظهر من حجم مساهمة التعليم في رفع كفاءة ونوعية عمل العاملين ودرجة مساهمة تلك النوعية في زيادة الإنتاج في نمو الدخل القومي ولهذا السبب ترافق استخدام هذه الطريقة نتائج لا يطمأن إليها علميا للأسباب التي سبق ذكرها . وكان من الممكن استخدام هذه الطريقة في حساب درجة الإعادة الفعلية عن طريق حساب قيمة الزيادات التي تحصل في الإنتاج نتيجة لزيادة فاعلية عمل العاملين هذه الزيادة الآتية من زيادة مستوى تعليمهم وتأهيلهم المهني ومقابلة تلك

الزيادات بحجم النفقات التي وجهت من اجل زيادة مهاراتهم ورفع مستوياتهم التعليمية في الفترات الزمنية التي حصلت فيها تلك الزيادات في الإنتاج، وقد استخدم شولتز طريقة درجة الإعادة للنفقات التعليمية على صعيد الاقتصاد الوطني في الولايات المتحدة بين أعوام1900- 1956حيث قابل بين الزيادة التي حصلت في النفقات التعليمية بالزيادة في عوائد الأفراد المتمثلة بكمية الأجور التي يتقاضاها العاملون في تلك الفترة وعد سبب الزيادة التي حصلت في حجم الأجور  بين أعوام 1900- 1956 هو الزيادة التي حصلت في حجم النفقات التي خضعت للتعليم وعد في الوقت نفسه تلك الأجور بمثابة العوائد لتلك النفقات وقابل الزيادة التي حصلت في كمية الأجور بالزيادات التي حصلت في الدخل القومي نتيجة للاستثمار المادي لأجل تحديد مدى إسهام التعليم في نمو الدخل القومي وادخل شولتز في مجال حساب النفقات التعليمية المداخيل الضائعة نتيجة لاختيار الطلبة لتعليم من دون العمل إذ أضاف النفقات الفعلية السنوية للتعليم إلى تلك المدخلات الضائعة أو ماتسمى" بكلفة الفرصة" ولغرض حساب النفقات التي تقابل كلفة الفرص يفترض شولتز أن الأفراد الذين أنهوا الدراسة الابتدائية أي تجاوزوا الرابعة عشرة أو الخامسة عشرة من العمر يستطيعون العمل، ويقيس الواردات التي كان من المفترض أن يحصلوا عليها لو لم يختاروا التعليم، واستند في حساب تلك الواردات إلى المعدل الأسبوعي لأجور العاملين الذين تجاوزوا ذلك العمر وغير المستمرين في التعليم، مضروبا في عدد سنوات دراسة الطالب وقد راع شولتز في تلك الحسابات عاملي العمر والجنس إذ حسب تلك الواردات بشكل تناظري مع مداخيل الأفراد الذين تجاوزوا الرابعة عشرة أو الخامسة عشرة حيث قابل الفئة العمرية للأفراد المتعلمين بالفئة العمرية للأفراد العاملين، كما ناظر تلك الفئات حسب الجنس، في سبيل تحديد تلك الواردات الضائعة بصورة دقيقة، وقد جابه شولتز صعوبات كبيرة في مجال تقدير تلك الواردات لوجود جزء من الطلاب المستمرين في التعليم الذين يعملون بوقت جزئي ويحصون على مدخولات هي دون مستوى مدخولات العاملين بوقت كامل، ولوجود حالات ظهر فيها أن الطلبة المستمرين على التعليم والذين يعملون بوقت جزئي حصلوا على أعمال أفضل قياسا للأفراد بوقت كامل.

## -طريقة حساب الاحتياجات من القوى العاملة-

تستخدم هذه الطريقة في حالات محددة لحساب حجم الفوائد التي تترتب على النفقات التعليمية ويظهر استخدامها فقط في مجال تخطيط القوى العاملة وذلك عن طريق التنبؤ لحجم القوى العاملة الضروري لتحقيق نسبة معينة من النمو الاقتصادي خلال الخطة أو في نهاية الخطة والتنبؤ لنوعية المؤهلات الضرورية للعاملين والنفقات الضرورية لتأهيلهم في المؤسسات التعليمية أو في الدورات التدريبية خلال العمل، وفي كل الحالات تحدد الفوائد التي تترتب على النفقات التعليمية من خلال دور القوى العاملة في الإنتاج ويستند هذا التحديد غالبا إلى أسلوب تحديد دور عوامل الإنتاج كما هو الحال عند استخدام طريقة" العوامل المتبقية" غير أن الفارق هو أن طريقة حساب الاحتياجات للقوى العاملة تستخدم لتوقعات مستقبلية ويستخدم هنا عنصر المقارنة بين حجم الإنتاج أو مستوى النمو الاقتصادي في سنة الأساس بعد أن يحدد مواصفات دور عوامل الإنتاج في ذلك النمو،وبين النمو المتوقع في الإنتاج وفي المستوى الاقتصادي في سنة الهدف ضمن مواصفات متوقعة التي لا بد من أن تتصف بها عوامل الإنتاج لتحقيق ذلك المستوى المتوقع، كأسلوب رئيسي في مجال تحديد دور العوامل التي تسهم في نمو الإنتاج ومنه دور التعليم، وهناك أساليب متنوعة لكيفية تقدير تلك الحاجات من القوى العاملة، وان هذا التنوع بدوره يؤدي إلى التباين في تحديد العوائد المترتبة على النفقات التعليمية وتعتمد دقة حساب تلك العوائد على مدى واقعية الأسلوب المستخدم في التنبؤ، حيث أن خاصية أسلوب من أساليب التنبؤ تنعكس على النتائج التي تتعلق بتحديد درجة النمو الاقتصادي وتؤثر بالنتيجة في تحديد النتائج الاقتصادية التي تترتب على النفقات الموجهة لتأهيل وتدريب القوى العاملة لانجاز المهام الاقتصادية التي تترتب على النفقات الموجهة لتأهيل وتدريب القوى العاملة لانجاز المهام الاقتصادية خلال سنوات الخطة، ومن بين الأساليب التي تستخدم لتقدير الحاجة للقوى العاملة أسلوب الاستفسار من المؤسسات بتحديد حاجاتها للقوى العاملة والمواصفات المهنية المطلوبة لذلك وتعد هذه الطريقة من أبسط أنواع الطرق التي تستخدم في مجال تقدير القوى العاملة، إذ يمكن استخدام هذا الأسلوب في تقدير الاحتياجات الآنية والاحتياجات للمدى القريب جدا ولا يصلح استخدامه في الخطط التي توضع للمدى البعيد كما أن هذا النوع من التقدير للمواصفات

التأهيلية للقوى العاملة يعتمد على التدريب من خلال دورات قصيرة الأمد للعاملين إما قبل البدء بالعمل أو أثناء العمل أما الأسلوب الثاني المستخدم في مجال تقدير القوى العاملة الضرورية للنشاطات الاقتصادية هو أسلوب استخدام الاتجاهات السابقة لتوقع الحاجة إلى القوى العاملة في المستقبل، إذ تعتمد هذه الطريقة على مد اتجاه الماضي إلى المستقبل أي بناء توقعات مستقبلية بحجم القوى العاملة لمختلف القطاعات الإنتاجية والخدمية على أساس تحليل اتجاه تطور تلك القطاعات وتطور حاجاتها في السنوات السابقة وأهم ما يؤخذ على هذا الأسلوب هو افتراضه على أن الحاجات المستقبلية تتشابه من حيث الاتجاه العام بالاتجاهات السابقة في حين تظهر دائما في المستقبل عوامل متنوعة تؤثر في تلك الاتجاهات بصورة جذرية ولم يكن لتلك العوامل أي أثر في الماضي يدلل على احتمال حدوثها أو ظهورها في المستقبل القريب أو البعيد فعلى سبيل المثال أن الاكتشافات العلمية والاختراعات لا يمكن توقعها على أساس ما حصل في الماضي وقد يؤثر إدخال تلك الاكتشافات العلمية والاختراعات في مجال الإنتاج إلى تغيير بنية الإنتاج والى ظهور الحاجة لمهارات لم تكن في الحسابات في أثناء بناء التوقعات المستقبلية على أساس الاتجاهات الماضية أو قد تكون للتغيرات في الأوضاع السياسية الأثر الكبير في ظهور المستقبل في اتجاهات تختلف عن اتجاهات الماضي والى أخره من العوامل التي تؤثر في سنوات الخطة ولم تكن لتلك العوامل آثار واضحة في السنوات التي سبقت أعداد الخطة، وهناك طريقة أخرى تسمى بطريقة متطلبات القوى العاملة التي تحاول تحديد المهامات إلى تواجه المؤسسات التعليمية في مجال إعداد القوى العاملة في ضوء متطلبات الإنتاج ونمط معين من النمو الاقتصادي، إذ تحدد التوقعات لأنماط الإنتاج في مختلف قطاعات الاقتصاد لسنوات الخطة وفي ضوء هذه الأنماط الإنتاجية يتم تحديد الحاجة للقوى العاملة ضمن مواصفات مهنية معينة، وقد استخدم هذه الطريقة كل من بيكرمان(Beckerman) وبارنس (Parnes) في مجال تقدير الحاجة للقوى العاملة.

## -طرق حساب عناصر الكلفة التعليمية-

ظهر الاهتمام بهذا المجال بصورة متزايدة نتيجة للجهود التي بذلت في مجال تحديد العوائد الاقتصادية للتعليم ولما كان تحديد صافي الفوائد الاقتصادية للاستثمارات التعليمية غير ممكن من دون تحديد حجم النفقات الفعلية للنشاطات التعليمية غير ممكن من دون تحديد حجم النفقات الفعلية للنشاطات التعليمية، لذا انصب اهتمام معظم أولئك الذين حاولوا قياس عوائد التعليم الاقتصادية على تحديد العناصر التي توجه لها النفقات التعليمية وإيجاد وسائل مختلفة لقياس كلفة النشاطات الخاصة بالتعليم، وقد تطورت أساليب وأدوات قياس كلفة عناصر التعليم بمرور الزمن، وظهرت المحاولات الأولى في مجال قياس كلفة التعليم في بداية القرن العشرين ونضجت تلك المحاولات خلال هذا القرن وخاصة في السنوات التي تلت الحرب العالمية الثانية لأسباب عديدة منها التقدم الذي حصل في مجال المعارف التي تتعلق بالكلفة وتراكم الخبرات التطبيقية والنظرية في حسابات الكلفة سواء في مجال الإنتاج أم في مجال الخدمات، إذ وظف هذا التقدم في المعارف النظرية والتطبيقية في مجال الكلفة في المعالجات الاقتصادية التي تتعلق بتحديد العناصر التي تكون الكلفة التعليمية أو في حساب كلفة تلك العناصر كما أن التقدم الذي حصل في المعارف النظرية والخبرات التطبيقية في مجال التخطيط يعد عاملا آخر لتوجه اهتمام الاقتصاديين نحو حسابات كلفة التعليم فقد أدى تبني معظم المجتمعات بغض النظر لاختلاف نظمهم الاجتماعية لفكرة التخطيط واستخدامه أداة فعالة لتنظم النشاطات الاقتصادية والاجتماعية إلى إخضاع النشاطات التعليمية لمعايير تخطيطية وظهر هذا التأثير في مظهرين، الأول: إدخال فكرة التخطيط في مجال التعليم نفسه، أو إخضاع النشاطات التعليمية لمعايير اقتصادية وتخطيطية سواء من حيث تحديد هدف النشاطات، أو من حيث اختيار الأدوات الضرورية لتحقيق تلك الأهداف، أو من حيث دراسة الجوانب الاقتصادية التي تتعلق بتلك النشاطات، أما المظهر الثاني لتأثير المفاهيم التخطيطية في التعليم، فهو اعتبار الخطط جزءا من الخطط الاجتماعية والاقتصادية العامة، ومعالجة موضوعات التعليم ضمن استراتيجيات التنمية العامة وفي كلتا الحالتين أثرت هذه المفاهيم في إخضاع النفقات التعليمية للدراسة من وجهة نظر اقتصادية وتخطيطية، والتي أسهمت بدورها في تحديد أفضل مجالات الإنفاق وتطوير أساليب قياس

تلك المجالات، المباشرة للاهتمام بموضوعات الكلفة التعليمية في سبيل إيجاد أساليب أفضل لاستخدام الموارد المتاحة للتعليم ، وتحديد مجالات الإنفاق ذات التأثير الكبير في النتائج الاقتصادية والاجتماعية للنشاطات التعليمية أو إيجاد أية صيغة من صيغ النشاطات التي تؤدي إلى خفض كلفة التعليم مع الاحتفاظ بفاعلية عالية للنشاطات التعليمية.

لقد تنوعت أساليب قياس كلفة التعليم استنادا إلى خاصية عناصر الكلفة وحسب الأغراض المتوخاه من تلك الحسابات، إذ أن هناك طرقا تخص حساب النفقات الخاصة التي توجه من قبل الطلبة أو ذويهم لقاء تعليمهم أو التي تتعلق بحساب كلفة الفرص أو الطرق التي تخص حساب عناصر الكلفة، كحساب النفقات التي تتعلق بالنشاطات الإدارية أو الحسابات التي تتعلق بكلفة النشاطات التعليمية الصرفة، أو أساليب النفقات التي تتعلق بالمستلزمات التعليمية الثابتة كحساب النفقات الخاصة بالأبنية التعليمية وحساب النفقات الخاصة بالمعدات والأدوات التي تستخدم لفترات طويلا نسبيا، ويستعان في هذه الحسابات بمجموعة من الوسائل الإحصائية لتقدير حجم عناصر الكلفة التعليمية أو تحديد العلاقة بين تلك العناصر.

## -طرق قياس إنتاجية النشاطات التعليمية من الناحية الاقتصادية-

تهتم هذه الطرق بقياس العلاقة الاقتصادية بين مدخلات النظم التعليمية ومخرجاتها سواء على المدى القريب أو على المدى البعيد لأجل التوقف على مدى فاعلية الموارد المالية التي تنفق على النشاطات التعليمية قياسا على النتائج المباشرة وغير المباشرة التي تحققها المؤسسات التعليمية، وهي تهتم مباشرة بالعلاقة بين كلفة النشاطات التعليمية وعائديه تلك النشاطات من خلال قياس "الكفاءة الداخلية الكمية للتعليم"، حيث تقاس فاعلية النفقات التعليمية قياسا على عدد الطلبة الذين أنهوا الدراسة أو المرحلة التعليمية دون إعادة لسنوات دراسية، وحساب الخسائر الاقتصادية الناتجة عن الرسوب أو الترك، وبعبارة أخرى تقاس فاعلية النفقات التعليمية قياساً على الأهداف الكمية المتوخاه تحقيقها من الموارد المالية المخصصة للمؤسسات التعليمية في فترة زمنية معينة كأن تكون سنة دراسية واحدة أو عدد سنوات المرحلة التعليمية ، وتستخدم في قياس فاعلية الموارد

المالية المخصصة للتعليم مجموعة من الطرق الفرعية منها حساب فاعلية الكلفة عن طريق استخدام طريقة الفوج الحقيقي أو استخدام طريقة الفوج الظاهري، أو عن طريق إعادة تركيب الفوج وتستخدم هنا مجموعة كبيرة من الوسائل الإحصائية لقياس النتائج الاقتصادية التي تترتب على معدلات الترفيع ومعدلات الإعادة أو معدلات التسرب كما أن هناك مجموعة من الطرق التي تستخدم في قياس الفاعلية الاقتصادية للنفقات التعليمية قياسا على " الكفاءة الداخلية النوعية" للتعليم، حيث تستخدم هنا مجموعة من الأساليب التي تكشف عن مدى تحقيق النشاطات التعليمية للأهداف المتمثلة بمجموعة المهارات والخبرات التي تزود بها الطلبة وقياس العلاقة بين مدى تحقيق المؤسسات التعليمية لتلك الأهداف وحجم الموارد المالية التي أنفقت على نشاطات تلك المؤسسات في سبيل تحقيق تلك الأهداف، وتستخدم هنا أيضا مجموعة من الوسائل لقياس تلك العلاقة أهمها الوسائل التي تقيس درجة التحصيل أو درجة اكتساب المهارة ومقارنة ذلك بكلفة تلك الوحدة التعليمية، وتقاس من جانب أخر فاعلية النفقات التعليمية قياسا على" الكفاءة الخارجية للتعليم" إذ تحدد هنا درجة العلاقة بين الموارد المالية التي أنفقت على التعليم والفوائد التي تترتب في المدى البعيد على نتائج ذلك التعليم أي بعبارة أخرى العلاقة بين الموارد المالية المنفقة على تعليم الأفراد والنتائج الاقتصادية التي تترتب على نشاطاتهم في المؤسسات الإنتاجية أو في مختلف القطاعات الاقتصادية إذ تقاس درجة ربحية تلك الموارد المنفقة على المدى البعيد، كأن تحسب العلاقة بين الموارد التي تنفق على التعليم في فترات زمنية معينة والتغييرات الاقتصادية والاجتماعية التي تترتب على تلك الموارد المنفقة، وقد استخدم هذا النوع من الحساب بصورة واسعة خلال هذا القرن في مختلف الدراسات التي كانت تحاول الكشف عن مدى ربحية الاستثمارات التي توظف في مجال التعليم، لقد تطورت أساليب قياس النشاطات التعليمية من الناحية الاقتصادية في السنوات التي تلت الحرب العالمية الثانية وكان ذلك التقدم يعود بدرجة كبيرة إلى التقدم الذي حصل في أساليب التخطيط واستخدام تلك الأساليب المتطورة في التخطيط الاقتصادي والاجتماعي في مجال التعليم، كما أن التقدم الذي حصل في مجال الإحصاء والوسائل المختلفة في الحسابات الإحصائية أدى أيضا بدوره إلى تحسين نمط القياسات في مجال إنتاجية التعليم سواء من حيث دقتها أومن حيث إمكانيتها في قياس بعض المجالات التي

كانت تعد من المجالات التي هي صعبة القياس كالمجالات التي تخص المستوى النوعي لتحصيل الطلبة أو الكفاءة النوعية للنشاطات الإدارية في التعليم أو قياس الفاعلية الاقتصادية للسياسات التعليمية إلى أخره من الموضوعات التي يصعب استخدام التقديرات الكمية فيها، وكان لاستخدام طريقة تحليل النظم واستخدام النماذج الرياضية الأثر الفعال في التقدم الذي أحرز في مجال تحديد وقياس العلاقة بين مختلف عناصر المدخلات والمخرجات التعليمية من الناحية الاقتصادية ويعد هذا التقدم الذي حصل في مجال قياس إنتاجية نشاط المؤسسات التعليمية من الناحية الاقتصادية من أحد العوامل الرئيسة في تطوير الدراسات الاقتصادية في مجال التعليم، بل يعد عاملا من العوامل المهمة في تطوير مناهج البحث العلمي في الدراسات الاقتصادية التعليمية ويمكن أن يعد واحدا من العوامل التي أسهمت في بلورة الموضوعات الاقتصادية في التعليم كمجال علمي يعتمد على أساليب وطرق بحث خاصة به وله خصوصية تميزه عن الدراسات الاقتصادية البحتة أو الدراسات التربوية البحتة، ولا زالت الجهود مستمرة في تحسين الأساليب والنماذج الخاصة بتحديد وقياس العلاقة بين مختلف مدخلات التعليم ومخرجاته وعلاقتهما بالأهداف التعليمية لأجل تحديد أفضل لخصوصية طرق قياس إنتاجية النشاطات التعليمية وتميزها عن طرق قياس الإنتاجية في مجال الإنتاج أو في مجال الخدمات الإنتاجية التي ترتبط بعمليات الإنتاج في مختلف المؤسسات الإنتاجية.

## - طرق تحديد أساليب التمويل في التعليم-

تستخدم غالبا مجموعة من الطرق الوضعية والتحليلية والمقارنة في مختلف المعالجات الاقتصادية التي تخص كيفية التمويل في مجال النشاطات التعليمية، ولهذه الطرق أهميتها لكونها تعالج موضوعات التمويل في نشاط اجتماعي تختلف في كثير من جوانبها عن النشاطات في مجال الإنتاج أو في مجال الخدمات الأخرى، إذ تتحكم بأساليب التمويل في مجال الإنتاج المادي معايير تختلف بعض الشيء عن المعايير التي تتحكم بأساليب التمويل في مجال التعليم، إذ تعد أساليب التمويل في مجال الإنتاج المادي ضمن مختلف الوسائل والأدوات الاقتصادية التي تؤثر مباشرة في النشاط الإنتاجي في سبيل زيادة ربحية المؤسسات من الناحية الاقتصادية في حين توجه أساليب التمويل في التعليم لتحقيق

أغراض إنسانية إضافة إلى الأغراض الاقتصادية التي تحققها في مجال الإنتاج المادي، إن هذا الفارق بين كلا النمطين من أساليب التمويل هو الذي يفسر خصوصية الطرق الاقتصادية التي تعالج الموضوعات التي تتعلق بكيفية التمويل في مجال التعليم ويمكننا من تمييز بعض الطرق التي تستخدم في هذا المجال حيث هناك طرق تعالج جدوى التمويل من قبل المجتمع أو من قبل الأفراد أو من قبل المؤسسات ومقارنة هذه الأساليب التمويلية فيما بينها للوقوف على المواضع الايجابية أو مواضع الضعف منها، وكيفية توظيف تلك الأساليب وفق المعايير الاقتصادية والتربوية والإنسانية في مجال رفع فاعلية النشاطات التعليمية وتوظيفها أيضا في سبيل تلبية الحاجات الاجتماعية والإنسانية لأفراد المجتمع في مجال التعليم، وتستخدم غالبا الطرق الوضعية والتحليلية والمقارنة مجموعة من الوسائل الإحصائية التي تستطيع تقدير النتائج كميا سواء في مجال الأحكام التي تخص فاعلية أي أسلوب من أساليب التمويل أو في مجال المفاضلة بين مختلف تلك الأساليب.

# الفصل الثاني
# العائد الاقتصادي في التعليم

**المحتويات**

- صيغ تأثير التعليم في النشاط الاقتصادي
- أنواع العائد الاقتصادي للتعليم

# الفصل الثاني
## العائد الاقتصادي في التعليم

**-طبيعة النشاطات التعليمية-**

تختلف طبيعة النشاطات التعليمية عن طبيعة النشاطات في مجال الإنتاج المادي. وهذا الاختلاف هو الذي يفسر التباين الموجود بين ترتيب النتائج التي تترتب على النشاطات التعليمية والنتائج المترتبة في مجال الإنتاج المادي، وفي هذا الموضوع بالذات توهم الكثير من الاقتصاديين عندما حاولوا إخضاع النشاطات التعليمية لمعايير اقتصادية واعتبارها نشاطات تشبه من حيث الطبيعة النشاطات الإنتاجية وتوقعوا التماثل في طبيعة النتائج التي تترتب على كلا النوعين من النشاطات في حين ترتبط النشاطات التعليمية بتغيير الوضع الإنساني للفرد، وتستهدف حدوث تغييرات في المنظومة الفكرية للفرد وما يرتبط بها من مهارات وخبرات ومعارف مع متابعة انعكاس تلك التغييرات أيضا على قناعات وعلى نظرته الى العالم المحيط به. اما النشاطات الإنتاجية التي تهتم مباشرة بالعمليات التي تخص إنتاج خيرات مادية، فهي تتعلق بعملية إحداث تغييرات في المواد وتصيرها الى مواد أخرى قابلة للتقدير من حيث الكم أو من حيث القيمة النقدية لها، وفي هذا الموضع بالذات يكمن جوهر الاختلاف بين النتائج التي تترتب على هذين النوعين من النشاطات ، فالنشاطات التعليمية تستهدف تغيير الإنسان وصيرورة وضعه الفكري وقناعاته وخبراته ومهاراته وسلوكه من حالة الى أخرى في ضوء معايير تتحكم بها حاجاته الإنسانية وحاجات المجتمع الذي ينتمي إليه بما فيها الحاجات في مجال الإنتاج، وهكذا فان موضوع النشاطات التعليمية ليست مواد وإنما هو الإنسان بما فيه الطبيعة الإنسانية للفرد،كما أن النتائج التي تترتب على النشاطات التعليمية ليست مواد-من نوع معين أو في صيغة معينة- كما هي الحال في النشاطات الإنتاجية، وإنما هي حالة معينة من التغيير

يصعب تحديدها بدقة من الناحية الكمية، ويصعب أو يتعذر تحديد قيمتها من الناحية النقدية، فهي نتائج ترتبط بنمط سلوك الإنسان وردود فعله تجاه الحقائق التي تحيط به، ويتأثر هذا السلوك وردود الأفعال بخصائص الظروف المحيطة بالفرد، فهي نتائج لا يمكن السيطرة عليها لعدم إمكانية عزلها عن الظروف الطبيعية التي تظهر فيها تلك النتائج، أي الظروف التي تحيط بالإنسان، فهذه النتائج- التي تتمثل بسلوك الفرد وردود أفعاله- تظهر ضمن هذه الظروف، وهي ظروف مؤثرة تترك بدورها تغييرات على نوعية تلك النتائج، في حين أن النتائج  التي تترتب على النشاطات الإنتاجية هي نتائج يمكن السيطرة عليها ولا تتأثر بالبيئة الخارجية إلا في حدود تأثير البيئة في مجال الاندثار الطبيعي لتلك المادة أو السلعة المنتجة، إضافة الى ذلك فان النتائج التي تترتب على النشاطات التعليمية تتصف بإمكانيتها في الاحتفاظ بقيمتها بصورة مستدامة من خلال إمكانية تسخير تلك النتائج في خلق نتائج أخرى تتمثل بنوع آخر من المعارف أو الخبرات أو المهارات أو بصيغ  سلوكية أخرى للفرد، وهكذا تبقى النتائج التي تترتب على النشاطات التعليمية فاعلة في مجمل حياة الفرد الاجتماعية والإنتاجية، في حين تتعرض النتائج التي تترتب على النشاطات الإنتاجية الى فقدان قيمتها بسبب الاستهلاك أو بسبب فعل عوامل الاندثار الطبيعي في تلك  التي تترتب على النشاطات التعليمية والنشاطات الإنتاجية سبب في إيهام العديد من الاقتصاديين في الخروج بأحكام غير دقيقة حول النتائج التي تترتب على النشاطات التعليمية، ومحاولاتهم إزالة ذلك التباين الذي يميز طبيعة كلا النوعين من النتائج،ان ماذكر أنفا لا يبرر عدم جدوى الدراسات الاقتصادية في التعليم ولا يبرر عدم جدوى معالجة الموضوعات التعليمية من الناحية الاقتصادية، غير أنه يؤكد ضرورة عدم المغالاة في النظرة الاقتصادية للتعليم، وعدم المغالاة في إخضاع النشاطات التعليمية في معرض معالجاتنا الاقتصادية للتعليم، ان عدم تجاهل تلك الخصائص التربوية المميزة للنشاطات التعليمية، هو الذي يجعل نتائج المعالجات الاقتصادية اقرب للدقة وللموضوعية العلمية، إذ ان التعامل المتكافئ للنشاطات التعليمية والنشاطات في مجال الإنتاج افتراض مبني على أسس خاطئة متعارضة مع طبيعة كلا النوعين من النشاطات. ويؤدي هذا الافتراض الى نتائج موهمة أو قد تكون متعارضة مع الحقائق

التي تحيط بتلك النشاطات، وهكذا لابد أن تؤخذ هذه المعطيات بنظر الاعتبار في المعالجات التي تخص العوائد الاقتصادية للتعليم ولابد من البحث عن الأساليب التي تمكن مطاوعتها لخاصية النشاطات التعليمية في الحالات التي نحاول فيها تحديد الدور الاقتصادي للنشاطات التعليمية، أو في الحالات التي نحاول فيها قياس وتقدير الجانب الكمي للعوائد الاقتصادية المترتبة على تلك النشاطات، ولذلك نحاول ان نحلل الجوانب التعليمية التي لها علاقة بالإنتاج او التي تترك أثرا على النشاطات الاقتصادية دون أن نغفل في معرض معالجتنا الجوانب الإنسانية والتربوية البحتة من النشاطات التعليمية، وهذه الجوانب التي لايمكن أن تخضع لمعايير اقتصادية رغم تأثيراتها الايجابية الواضحة على النشاطات الاقتصادية ترتبط دائما بالقيمة الإنسانية للفرد، وترتبط بتطوير النواحي المعنوية في شخصيته، وهي جوانب لا يمكن التعامل معها أيضا بمنظار اقتصادي رغم تأثيراتها البينة على أسلوب ونتائج العمل الإنساني في مجال الإنتاج، ويدرج التعليم من وجهة النظر الاقتصادية ضمن قطاع الحديات، ويميز نوعين من الخدمات الإنتاجية ، إذ بدونها لا تستطيع المؤسسات الإنتاجية الاستمرار في الإنتاج، فهي نشاطات غير مباشرة تدخل وتؤثر على العمليات الإنتاجية كمختلف النشاطات التي تخص خزن او نقل المواد والسلع المنتجة او النشاطات التي تخص العمليات التجارية وغيرها، أما الخدمات غير الإنتاجية التي تخص النشاطات التي ترتبط بصورة مباشرة أو غير مباشرة بإشباع حاجات الناس، فهي نشاطات لا تخدم إنتاج او خلق المواد والسلع وليست بمثابة نشاطات تكميلية للنشاطات الإنتاجية كما هي الحال في الخدمات الإنتاجية، ولا ترتبط بنشاطات المؤسسات الإنتاجية بل ترتبط بنشاطات مؤسسات تخدم إشباع الحاجات الإنسانية المباشرة،كالنشاطات في مجال التعليم والصحة والثقافة والفن والرياضة والسياحة الى أخرها من النشاطات التي تشبع حاجات الناس المباشرة، وقد جرى إدراج التعليم إما ضمن الخدمات الإنتاجية، أو ضمن الخدمات غير الإنتاجية تبعا للمنطلقات النظرية للاقتصاديين الذين عالجوا موضوعاته من وجهة نظر اقتصادية فالاقتصاديون الذين كانوا يؤكدون الدور الإنتاجي للنشاطات التعليمية والذين عهدوا هذه النشاطات ضرورة من ضرورات عمليات الإنتاج المادي كانوا يعدونها ويعالجونها ضمن الخدمات الإنتاجية بوصفها

نشاطات ترتبط بصورة غير مباشرة بالعمليات الإنتاجية وعالج هذا الفريق من الدارسين الموضوعات التعليمية ضمن معايير اقتصادية تتحكم بالأنواع الأخرى من الخدمات كالمعايير الاقتصادية الخاصة بالنقل والمواصلات وعمليات الخزن والنشاط الاداري وما الى غير ذلك من النشاطات التي ترتبط بالإنتاج بصورة غير مباشرة وتخضع للقوانين الاقتصادية الخاصة بالنقل والمواصلات وعمليات الخزن والنشاط الاداري وما الى غير ذلك من النشاطات التي ترتبط بالإنتاج بصورة غير مباشرة وتخضع للقوانين الاقتصادية وقد جرد هذا الفريق النشاطات التعليمية من خاصيتها في كونها نشاطات تخدم أيضا إشباع الحاجات المباشرة للأفراد في مجال النمو الفكري والثقافي العام ،أما الاقتصاديون الذين عدوا التعليم نوعا من النشاطات الموجهة لإشباع الحاجة المباشرة للإنسان أو نشاطا يحقق منفعة مباشرة لمستهلك قد عدوا النشاطات التعليمية جزءا من الخدمات غير الإنتاجية بوصفها نشاطات ترتبط بالجانب الاستهلاكي وتدخل ضمن الاستهلاك الشخصي للأفراد لاحتوائها على قيمة في ذاتها ولارتباطها بحاجة الفرد المباشرة لها ولذلك عالجوا التعليم بمعزل عن التأثيرات الاقتصادية التي يمكن ان يتركها على العمليات الإنتاجية وبمعزل عن التأثيرات الاقتصادية التي يمكن أن يتركها التعليم على الظروف التي تحيط بعمليات الإنتاج وتسويقه وحتى بالظروف التي تحيط بصيغ الاستهلاك للمواد والسلع الإنتاجية، ان هذه المعالجة من وجهة نظر واحدة قد أثرت على التحديد الدقيق لدور التعليم وتأثيره الاقتصادي العام، فالتعليم يدخل ضمن الخدمات الإنتاجية والخدمات غير الإنتاجية في أن واحد إذ تعد النشاطات التي تخص الإدارة والتنظيم وتعتمد على المعرفة والعلم مختلف النشاطات في مجال التأهيل وتدريب العاملين نشاطات ترتبط بصورة غير ومباشرة بالعليات الإنتاجية وهي نشاطات ضرورية لا يمكن الاستغناء عنها في أي نشاط إنتاجي، كما أن التعليم يلبي الحاجات المباشرة للأفراد في مجال الثقافة والفكر والعلم وما الى ذلك ولذلك يعد من الخدمات الاجتماعية غير الإنتاجية، وبعبارة أخرى فان النشاطات التعليمية تحمل خصائص الخدمات الإنتاجية والخدمات الغير إنتاجية في آن واحد، إذ تقترب من الخدمات الاجتماعية في كونها غير خاضعة للمنافسة أو للبيع والشراء كما هي الحال بالنسبة للخدمات الإنتاجية وتقترب في نفس

الوقت من خصائص الخدمات الإنتاجية لكونها تسهم في تحقيق أرباح وإن كانت تلك الأرباح تظهر بعد فترة طويلة نسبيا كما أنها ترتبط بحاجة مؤسسات الإنتاج بوصفها نشاطات تكميلية لا يمكن الاستغناء عنها في مجال الإنتاج المادي.إضافة الى تلك المعالجات الأحادية نظرة حول إدراج التعليم ضمن الخدمات الإنتاجية والخدمات غير الإنتاجية فهناك فريق من الاقتصاديين استبعد مسألة إسهام الخدمات في عملية تكوين الدخل القومي واستبعد إمكانية أن يكون ثمة أثر للتعلم في التغيرات التي يمكن أن تحصل في مجال الإنتاج المادي إضافة الى تلك المعالجات الأحادية النظرة حول إدراج التعليم ضمن الخدمات الإنتاجية والخدمات غير الإنتاجية فهناك فريق من الاقتصاديين استبعد مسألة إسهام الخدمات في عملية تكوين النتاج الاجتماعي أو تكوين الدخل القومي واستبعد إمكانية أن يكون ثمة أثر للتعلم في التغيرات التي يمكن أن تحصل في مجال الإنتاج أو في الدخل القومي واعتقد ان قطاع الإنتاج المادي يعتمد على العمل الإنتاجي الصرف وبذلك ميزوا بين قطاع الإنتاج وقطاع الخدمات الذي يعتمد على العمل غير الإنتاجي ان هذا التمييز قد أسهم من طرفه في عدم إمكانية التحديد الدقيق لأثر التعليم في النشاطات الاقتصادية لأنه يبعدنا أصلا عن الدور الحقيقي الذي تلعبه الخدمات في مجال النتائج المادي ومن ثم في مجال تكوين الإنتاج الاجتماعي والدخل القومي ومن ثم ينكر أن يكون لنشاطات الإنسانية في مجال العلوم والبحث العلمي وفي مجال التنظيم والإدارة في الإنتاج- وهي مجالات تدخل ضمن الخدمات- أي دور في عملية الإنتاج ان عدم تقويم دور هذه النشاطات في المرحلة الحالية لتطور التكنيك أمر لا يمكن أن يؤخذ به لما لهذه النشاطات من تأثير فعال على العمليات الإنتاجية فتطوير وسائل الإنتاج وتحسين أدوات العمل في العملية الإنتاجية على سبيل المثال يشترطان تطوير وتحسين المستوى التأهيلي ومستوى مهارة العاملين على خط الإنتاج وفي ظروف أتمته الإنتاج يتحول عمل العاملين بصورة واضحة الى عمل ذهني يبتعد عن العمل الجسمي كما هو الحال في ظروف الإنتاج التي سبقت الأتمتة ويزداد دور العلم في الشروط الإنتاجية المتطورة فكلما تطورت ظروف العمل وتطورت وسائل الإنتاج كلما أصبح العلم قوة إنتاجية تدخل بصورة مباشرة في عملية الإنتاج وهكذا نستطيع أن نقول ان هذا الفهم لدور العلم

والمعرفة والمهارة أعطي لخدمات وظائف جديدة تختلف عن الوظائف التقليدية ضمن إطار الفهم الاقتصادي التقليدي إذ لم تبق تلك الوظائف محصورة بالنشاطات غير الإنتاجية التي تستهدف إشباع الحاجات الجسمية والروحية للأفراد بل أصبحت تدخل ضمن إطار الخدمات التي تسهم مساهمة فعالة في إعادة إنتاج القوى العاملة هذه الإعادة التي تظهر من خلال إعادة تدريب ورفع كفاءة العمل وتطوير مهارة القوى العاملة بالصيغ التي تتفق ومتطلبات الحاجة في مجال التقدم التكنيكي او التقدم فيق أسلوب الإنتاج وهكذا تصبح تلك قوة ذات فاعلية كبيرة في تطوير أساليب الإنتاج وفي التأثير في حجم ونوعية الإنتاج.

## -صيغ تأثير التعليم في النشاط الاقتصادي-

يظهر أثر العلم و المعرفة الذين يعدان نتيجة مباشرة للنشاطات التعليمية بمختلف مستوياتها على النشاطات الاقتصادية في مختلف اقتصادياتها في مختلف قطاعاتها الإنتاجية والخدمية من خلال المظاهر الآتية الأول هو أن اثر العلم والمعرفة يظهر من خلال التأثير الذي تتركه مهارة القوى العاملة في حجم ونوع الإنتاج في مختلف القطاعات الإنتاجية وعلى حجم ونوع النشاطات في مختلف الخدمات ويقصد بمهارة القوى العاملة مهارة كل العاملين في مختلف حلقات الإنتاج والإدارة والتنظيم والنشاطات الخدمية الضرورية في عملية الإنتاج وكذلك مختلف النشاطات الداخلية ضمن الخدمات الاجتماعية اما المظهر الثاني للأثر الذي يتركه العلم والمعرفة على النشاطات الاقتصادية فهو الأثر الذي يتركه التقدم في مجال العلم والتكنيك في الإنتاج ومختلف النشاطات الاقتصادية أما المظهر الثالث لذلك التأثير فيظهر من خلال الأثر الاقتصادي الذي يتركه وعي وثقافة السكان على النشاطات الاقتصادية المختلفة وفي سبيل إعطاء صورة واضحة للأثر الذي يتركه العلم والمعرفة ومن ثم التعليم في مختلف مستوياته على النشاط الاقتصادي نرى من خلالها التأثيرات التي يتركها العلم والمعرفة على النشاطات الإنتاجية والخدمية.

## -مهارة القوى العاملة ودورها في عملية الإنتاج-

المقصود هنا بمهارة القوى العاملة قدرتها وإمكانياتها في مجال أداء المهام التي تناط بها سواء في مجال الإنتاج أوالخدمات بكفاءة ووفق مواصفات محددة لذلك الأداء وتعتمد درجة الأداء لتلك المهام على مدى تدريب وتعليم الفرد في مجال السيطرة على النشاطات الضرورية لأداء تلك المهام سواء كانت نشاطات ذهنية أو جسمية ونقصد بالإنتاج، الإنتاج المادي والإنتاج في مجال الخدمات. وهكذا فالمهارة تعني امتلاك المعارف والخبرات التكنيكية او المهنية لانجاز عمل معين في مجال الإنتاج المادي او في مجال الخدمات وتعني أيضا امتلاك معارف عامة أخرى إضافة لتلك المعارف التكنيكية والمهنية التي تخص الحقائق العلمية التي يستند إليها نشاطه الإنتاجي وكذلك التي تخص الظروف التي تحيط بالعمل ونتائجه أو التي تخص علاقة العامل بوسائل الإنتاج وأخيرا تعني معرفته للقيم السائدة في العمل وبين العاملين وبذلك تعني معرفته للقيم السائدة في مجال الإنتاج المادي أو في مجال الخدمات وهكذا فالمهارة تعني معرفته للقيم السائدة في العمل وبين العاملين وبذلك تعني المهارة بمفهومها الواسع ليس فقط إمكانية انجاز مهام في مجال الإنتاج بل أيضا استيعاب الأسس العلمية التي يستند إليها النشاط الإنساني في مجال عمله واستيعاب الظروف التي تحيط بعمله وبناتج ذلك العمل وأخيرا تعني معرفته للقيم السائدة في العمل وبين العاملين وبذلك تعني المهارة بمفهومها الواسع ليس فقط إمكانية انجاز مهام في مجال الإنتاج بل أيضا استيعاب الأسس العلمية التي يستند إليها النشاط الإنساني في مجال عمله واستيعاب الظروف التي تحيط بعمله وبناتج ذلك العمل وأخيرا معرفته للقيم الضرورية التي تؤثر في ظروف العمل كعلاقة العامل بوسائل الإنتاج ونظرته للعمل والنشاط الإنتاجي او مدى حرصه على أدوات ووسائل العمل ومدى شعوره بالمسؤولية تجاه النتائج التي تترتب على نشاطه الإنتاجي الى أخر القيم التي تحيط بالنشاطات الإنسانية في مجال الإنتاج أو الخدمات التي لا يمكن تجاهل تأثيرها في حجم ونوعية النشاط الذي يبذله العامل ومن ثم تأثيرها في حجم ونوعية الإنتاج وهكذا نرى ان هذه المكونات التي تدخل ضمن مفهوم المهارة لايمكن تحقيقها إلا من خلال عملية تعليمية سواء في مؤسسات خاصة أو عن طريق التدريب من خلال

العمل فالتعليم والمعرفة وما ترتبط بهما من خبرات وإمكانات يمثلان الأساس الذي يستند إليه مهارة العاملين في نشاطهم الإنتاجي ومن هنا نستطيع أن نحدد الدور الذي يلعبه التعليم في النشاط الاجتماعي ومن ثم في النشاط الاجتماعي ومن ثم في النشاط الاقتصادي عموما فمهارة القوى العاملة تنعكس على نوعية عمل العاملين هذه النوعية التي تترك آثارها على حجم ونوع الإنتاج ومن المعروف ان آية عملية إنتاجية تعتمد على تفاعل عوامل الإنتاج المادية والشخصية ((الإنسانية)) وبعبارة أخرى تعتمد على التفاعل بين رأس المال المتمثل بوسائل الإنتاج المادية والعمل وان نوعية وكمية المادة التي يراد إنتاجها أو النشاط الذي يراد انجازه يعتمدان على نوعية وكمية وخصائص تلك العوامل الداخلة في الإنتاج كما أن التفاعل بين هذه العوامل الإنتاجية ((رأس المال وما يرتبط به من أدوات الإنتاج والعمل)) لا ينفي التفاوت في حجم الأدوار التي يلعبها كل عامل من هذه العوامل الإنتاجية في مختلف حلقات الإنتاج ويرجع هذا التفاوت الى مجموعة من العوامل في مقدمتها القيمة الإنتاجية التي تكمن في كل عامل من هذه العوامل في العملية الإنتاجية وكذلك يرجع هذا التفاوت الى أسلوب الإنتاج ودرجة التقدم التكنيكي وشكل علاقات الإنتاج الى أخر العوامل التي تؤثر في درجة إسهام كل عامل من تلك العوامل في عملية تكوين الإنتاج ويختلف الاقتصاديون في تحديد دور كل من تلك العوامل فهناك فريق من الاقتصاديين يعطي للعمل الدور الحاسم في عملية الإنتاج ويرى أن العوامل الأخرى ماهي الى عوامل تدخل ضمن ظروف العمل والعمل هو الذي يعطي القيمة لرأس المال ويحوله الى قيمة إنتاجية كما أن أدوات العمل لا قيمة لها دون استخدامها من قبل القوى العاملة وهكذا يرى هذا الفريق أن العمل هو الذي يعطي قيمة إنتاجية للعوامل الأخرى وهناك فريق آخر يعطي أدوارا متساوية لكل العوامل في عملية الإنتاج وهكذا نرى أن جميع الاقتصاديين بغض النظر عن منطلقاتهم الاقتصادية يؤكدون دور عنصر العمل في تكوين الإنتاج أو زيادته وهنا لا بد من التأكيد على أن نوعية العمل تحتل أهمية كبيرة من في مسألة الإنتاج حيث ان لنوعية العمل الأثر الكبير في تحديد كمية العمل المبذول في عملية الإنتاج وكذلك لها الدور الكبير لمدى تناسب وتوافق العمل مع التطور الحاصل في وسائل الإنتاج أو في أساليب الإنتاج

بل تعتمد عليها مسألة تجديد أدوات الإنتاج الإنتاج أو مسألة تطور تكنولوجيا الإنتاج واستخدام التقدم العلمي والتكنيكي في عمليات الإنتاج وإدارته. إن نوعية العمل تعتمد على مستوى ونوعية مهارة القوى العاملة في مختلف قطاعات الإنتاج ومختلف حلقاته وفي الخدمات فكلما توافقت نوعية المهارات ومستوياتها لدى القوى العاملة مع خصائص وسائل الإنتاج ودرجة استخدام التكنولوجيا والتقدم العلمي في الإنتاج وأساليب الإدارة والتنظيم أصبح العمل عاملا من عوامل تطوير عملية الإنتاج ويكون له دور ايجابي في مجال تهيأة الظروف للاستخدام الأفضل لتلك الوسائل الإنتاجية أو أساليبها ولتلك الدرجة من التقدم العلمي والتكنولوجي في عملية الإنتاج كما له دور ايجابي في كيفية توجيه النشاطات التي تخص تنظيم وإدارة الإنتاج ومختلف النشاطات الأخرى التي تترتب على عملية الإنتاج وهكذا نستطيع أن نقول أن هناك علاقة عضوية بين نوعية العمل التي تتجسد بمهارة العاملين وبين العوامل الأخرى للإنتاج وان نوعية العمل هذه تنعكس عمليا على القوة الإنتاجية للعمل ومن ثم تترك أثرها في إنتاجية العمل المبذول في الإنتاج وكذلك تنعكس بصورة مباشرة أو غير مباشرة على إنتاجية الأدوات ووسائل الإنتاج،ان القوة الإنتاجية للعمل تتغير تحت تأثير الخصائص النوعية للعمل وكذلك تحت تأثير بنية تشكيلية عوامل الإنتاج وخاصة ما يتعلق بمدى استخدام التكنيك والمقصود بالتكنيك (التكنيك هنا عدد ما يستخدم من آلات وأدوات لكل وحدة من وحدات العمل) ويترك مدى استخدام التكنيك عمليا أثره في شدة العمل أي على مدى تركيز العمل ولتركيز العمل أثر في إنتاجية العمل، وهنا لا بد من التنويه الى العلاقة العضوية بين شدة أو تركيز العمل ونوعيته لأن كليهما يحددان خصائص العمل المستخدم في عملية الإنتاج وتدخل المهارة في مكوناتهما إضافة الى ذلك تترك ظروف العمل تأثيراتها في القوة الإنتاجية للعمل وبالتالي تأثيراتها في إنتاجية العمل وفي المنتوج، في المحصلة النهائية إن تأثيرات هذه العوامل سوية تظهر في النتائج النهائية للعمل أي تترك هذه السلسلة من التأثيرات لعوامل الإنتاج أثرها في كمية الإنتاج وحجمه ويحتل العمل مكوناته دورا حاسما في تلك التأثيرات في كمية ونوعية المنتوج، ويمكننا توضيح هذه التأثيرات من خلال المخطط التالي:

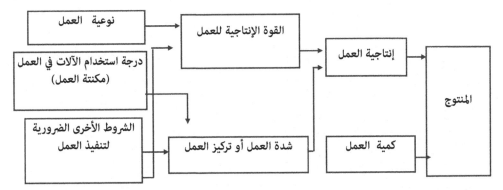

يظهر من المخطط أن حجم الإنتاج في المحصلة النهائية مشروط بكمية العمل وقدرته الإنتاجية وهنا يجب التأكيد على العلاقة بين كمية العمل وقدرته الإنتاجية فالعلاقة هنا غالبا ما تكون علاقة عكسية في مجال إنتاج كمية معينة من المنتوج بأوصاف معينة ففي الحالات التي تقل فيها قدرة العمل الإنتاجية يزداد فيها أثر كمية العمل أي تظهر الحاجة لزيادة عدد القوى العاملة لتحقيق الكمية في حالة زيادة قدرة العمل الإنتاجية في حالة زيادة فعالية القوى العاملة الموظفة في عملية الإنتاج من خلال زيادة قدرة عملهم الإنتاجية وهنا تظهر أثر المهارات بوصفها عاملا ذا تأثير كبير في تلقي كمية العمل المبذول في الإنتاج وبالتالي التأثير في تكاليف الإنتاج من خلال الأثر الذي تتركه القدرة الإنتاجية للعمل المبذول في الإنتاج في كمية الإنتاج ونوعيته ومن خلال ملاحظة أخرى للمخطط نرى أن قدرة العمل الإنتاجية تعتمد على مجموعة من التأثيرات التي تتركها عوامل الإنتاج ومن بينها نوعية العمل التي تظهر عاملا مستقل تؤثر في القدرة الإنتاجية للعمل لما تمتلك من خصائص ترتبط بالمهارات التي تدخل ضمن مكونات العمل أو لما تمتلك من خصائص ترتبط بنوعية أدوات ووسائل الإنتاج أو بظروف العمل وهكذا يظهر دور نوعية العمل في التأثير في القوة الإنتاجية للعمل ثم في إنتاجية العمل من خلال علاقاتها بالصيغ التكنيكية والتنظيمية التي تتفق معها والحدود الدنيا للخصائص النوعية للعمل الضروري من اجل استخدام تلك الصيغة التكنيكية أو التنظيمية في عملية الإنتاج لذا فان استقلالية عامل نوعية العمل

مشروطة بالصيغ التكنيكية والتنظيمية المستخدمة في عملية الإنتاج وان هناك حدا مقبولا لنوعية العمل إذ يساعد اجتياز هذا الحد على تطوير الإنتاج وعدم اجتيازه يعرقل العملية الإنتاجية، ان هذه العلاقة تعكس مدى أهمية العوامل الأخرى بوصفها ظروفا مساعدة لأجل فاعلية العمل الإنتاجية وهذه الفاعلية تظهر من خلال توافق مكونات العمل من حيث صيغة الجهد المبذول أومن حيث العناصر التي تكون ذلك الجهد أي بعبارة أخرى من حيث المهارات التي يستند إليها ذلك العمل مع عوامل الإنتاج الأخرى كأدواته ووسائله أو أساليب التنظيم والإدارة وظروف العمل الأخرى. ومن هنا يظهر أثر العناصر التي تكون المعرفة والعلم في الإنتاج حيث يرتبط دور المهارات بدور التقدم العلمي والتكنيكي المستخدم في الإنتاج ويرتبط من جانب أخر بدرجة التنظيم والإدارة والسيطرة على ظروف العمل التي تستند جميعها الى المعرفة والخبرة المستندتين الى العلم الذي أساسه التعلم سواء في مؤسسات تعليمية بمختلف مستوياتها او التعلم عن طريق التدريب من خلال العمل الذي يستهدف تكوين المعرفة والخبرة الضروريتين في كيفية تسيير شؤون الإنتاج وما يترتب عليها من نشاطات أخرى تكميلية وهكذا تلعب المؤسسات التعليمية ومؤسسات البحث العلمي وكل المؤسسات الأخرى التي تسهم في إعداد الكوادر المهنية والعلمية في مختلف مستويات المهارة لمختلف قطاعات الإنتاج والنشاطات الاجتماعية دورا حاسما في عملية الإنتاج أو في النشاطات الاقتصادية والاجتماعية الأخرى الضرورية لإدامة النشاط الاجتماعي إذ تحتل مسألة قيام هذه المؤسسات بإعداد القوى العاملة بالمهارات أهمية كبيرة من وجهة النظر الاقتصادية لما لها من دور حاسم في عملية الإنتاج كما بيننا سابقا ولما لها من أثر كبير ليس في نوعية العمل المبذول في عملية الإنتاج فقط بل في وظيفة ودور عوامل الإنتاج الأخرى وخاصة دور رأس المال المستخدم ودور وسائل وظروف الإنتاج فيمكن للمهارة أن تلعب دورا كبيرا مثلا في الحالات التي يزداد الطلب على رأس المال وتقل كمية رأس المال المعروض فمن خلال توافر المهارات الضرورية الكافية يمكن التغلب على ذلك النقص عن طريق تطوير أساليب الإنتاج بالصيغ

التي تسمح بتقليل الحاجة الى رأس المال كما تلعب المهارة الدور نفسها في التأثير في دور وسائل الإنتاج حيث يمكن من خلال حذق ومهارة القوى العاملة تغيير وظائف أو تحسين وظائف الكثير من الأدوات الإنتاجية أو التغلب على المصاعب الناتجة عن عدم كفاءة أدوات ووسائل الإنتاج أومن خلال التأثيرات التي تتركها مهارة بعض العاملين في مجال صيانة أدوات الإنتاج وإدامة العمل الإنتاجي لتلك الأدوات الى آخره من المظاهرة الايجابية التي تتركها مهارة القوى العاملة في وظائف ودور أدوات الإنتاج وعلى العكس من ذلك فان النقص من مجال المهارات ستترك أثارها السلبية في أدوار عوامل رأس المال ووسائل الإنتاج، وخاصة في الحالات التي تدني فيها وظائف أدوات الإنتاج إذ يصبح تدني مستوى المهارة مثلا عاملا إضافيا في زيادة الحاجة إلى رؤوس أموال جديدة في الوقت الذي تقل إمكانية عرض مزيد من رأس المال ويصبح كذلك تدني مستوى المهارة عاملا إضافيا في عدم كفاءة وسائل الإنتاج والتأثير السلبي في ماهو متوافر من تلك الوسائل وهكذا تلعب المهارة ومكوناتها من المعرفة والخبرة دورا في كل حلقات النشاط الإنتاجي وتلعب أيضا دورا حاسما في التأثير في مختلف عوامل الإنتاج وفي ظروف العملية الإنتاجية والنشاط الإنتاجي والاقتصادي على الصعيد الاقتصادي الوطني، ان الانتقال من دور المهارة في العملية الانتاجية في نشاط إنتاجي معين أو في مؤسسة إنتاجية معينة الى دورها في العملية الانتاجية على صعيد جميع مؤسسات الإنتاج وفي كل قطاعات الإنتاج وعلى صعيد الاقتصاد الوطني يولد مسائل علمية جديدة ناتجة عن تداخل العلاقات بين مختلف المؤسسات الانتاجية وبين مختلف أنماط الإنتاج ونتيجة لهذا التداخل تظهر وتختفي عوامل كثيرة سواءا كانت عوامل مساعدة لتطوير العملية الانتاجية أم عوامل معرقلة لذلك التطور ومن بين مختلف هذه العوامل الجديدة التي تظهر عندما يعالج دور المهارة في العملية الإنتاجية على صعيد الاقتصاد الوطني والتي تؤثر في مسيرة العملية الانتاجية لمختلف المؤسسات هي مجموعة العوامل الناتجة عن التأثيرات التي تتركها القطاعات غير الإنتاجية في القطاعات الإنتاجية وتأخذ هذه التأثيرات

للقطاعات غير الإنتاجية وخاصة تلك القطاعات التي يرتبط نشاطها بعملية إعداد الكوادر أو التأثير في المهارات مساريين رئيسيين أولهما يخص التأثيرات التي تتركها العمليات والنشاطات الخاصة بإعداد القوى العاملة بالخبرات والمهارات والمعرفة الضرورية التي يتطلبها العمل في مجالات الإنتاج أي التأثيرات التي تتركها مختلف نشاطات وفعاليات المؤسسات التعليمية التي تعد القوى العاملة لمختلف النشاطات المهنية على مستوى مهارة القوى العاملة وعلى الخصائص النوعية للعمل الذي تبذله القوى العاملة في الإنتاج ان مستوى النشاطات التعليمية للمؤسسات التعليمية الخاصة بإعداد القوى العاملة يترك أثرا كبيرا في درجة استيعاب العاملين للأسس العلمية التي تستند إليها العمليات الانتاجية كما لذلك المستوى الأثر الكبير في مسألة تطوير وتنمية المواهب والميول والإمكانات المرتبطة بالمهنة لدى العاملين وما يتركه تطوير هذه الجوانب من تأثير في إبداعهم في مجال تطوير المهنة والتأثير الفعال في الآلة أو التأثير الايجابي في النشاطات التي تخص كيفية إدارة وتنظيم النشاطات الانتاجية وتترك نوعية الفعاليات والنشاطات التي تقوم بها المؤسسات التعليمية المتخصصة في مجال إعداد القوى العاملة تأثيرات أخرى في العمليات الإنتاجية تتعلق بالتأثيرات الناتجة عن مدى درجة انسجام المهارات المعطاة من قبل المؤسسات التعليمية مع متطلبات المهنة في المؤسسات الانتاجية وكذلك عن مدى ملائمتها للاستخدام في مختلف ظروف الإنتاج وخاصة إذا علمنا أن عوامل الإنتاج تكون سوية تشكيلا متداخلا ذا تأثيرات متبادلة وإذا علمنا أن أيضا أن المؤسسات التعليمية المتخصصة بإعداد القوى العاملة تجابه صعوبات كبيرة في مجال مدى توافق إعداد العاملين مع تشكيلة العوامل التي تكون الإنتاج وكذلك تجابه صعوبات في مجال مدى توافق ذلك الإعداد مع المتطلبات المهنية لمختلف قطاعات الإنتاج وفي مختلف المؤسسات الانتاجية اخذين بنظر الاعتبار التباين الموجود بين الظروف التي تحيط بعمل العاملين في المؤسسات الانتاجية وظروف إعداد القوى العاملة في المؤسسات التعليمية إذ أن ظروف الأعداد تبتعد كثيرا في بعض الأحيان عن ظروف العمل في المؤسسات هذا الابتعاد الذي يضيف صعوبات جديدة أخرى أمام المؤسسات التعليمية في مجال إعداد القوى العاملة بالصيغة التي تتفق وظروف الإنتاج

في مختلف المؤسسات الإنتاجية التي هي الأخرى تتباين فيما بينها من حيث ظروف العمل والإنتاج ومن جانب أخر تترك فترة إعداد القوى العاملة في مجال الإنتاج حيث أن هناك فترة طويلة نسبيا بين بداية عملية الإعداد المهني للعاملين وبداية ممارستهم الفعلية للعمل في المؤسسات الإنتاجية وقد تبتعد خصائص ومكونات المهارة التي تطلبها المهنة في المؤسسات الإنتاجية نتيجة للتغيرات السريعة التي تحصل على بنية المهن والمهارات بسبب التغييرات التي تحدث في مجال التكنيك وفي مجال تغير وسائل الإنتاج وكذلك قد تبتعد ظروف العمل في المؤسسات الإنتاجية عن الظروف التي كانت متوقعة من قبل المؤسسات التعليمية والتي في ضوئها تم إعداد القوى العاملة أو قد تتغير أساليب الإنتاج وتتغير الحاجة لنوع من المهارات سواء من حيث الكم أم النوع وهكذا نرى أن للنشاطات التعليمية في المؤسسات الخاصة بإعداد القوى العاملة الأثر الكبير في مستويات المهارة التي تدخل في عمليات الإنتاج ثم على كمية ونوعية المنتوج، أما المسار الثاني فيمثل بمدى تأثير التقدم العلمي والتكنيكي والتطور الذي يحصل في المعارف التي تخص كيفية تنظيم وإدارة الإنتاج على العمليات الإنتاجية ان التقدم العلمي والتكنيكي يترك آثاره المباشرة في العملية الإنتاجية إذ ان ارتفاع مستوى التأهيل العلمي لدى المتخصصين والمصممين سيضمن ليس فقط الاستخدام الأمثل للوسائل التكنيكية المتطورة ورفع فاعلية الأدوات المستخدمة بل سيضمن أيضا تدفق نشاطات مبدعة من قبل المتخصصين في مجال بحث أساليب ونماذج جديدة في الإنتاج وإيجاد حلول جديدة في فاعلية أكبر في مجال معالجة المشاكل التي تجابه عملية الإنتاج ويمكننا توضيح الأثر الذي تتركه نشاطات وفعاليات ومهارة العاملين في المؤسسات التعليمية وكذلك التأثيرات التي يتركها التقدم العلمي والتكنيكي - أي التأثير الذي تتركه القطاعات غير الإنتاجية في العمليات الإنتاجية من خلال المخطط التالي:

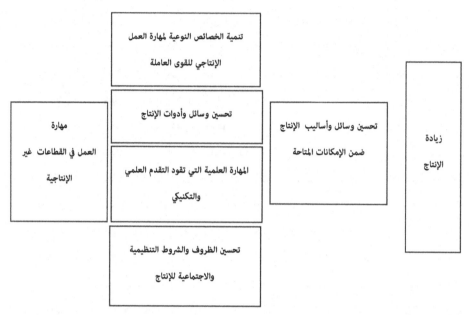

وهكذا تسهم مهارة العاملين في القطاعات غير الإنتاجية وخاصة في المؤسسات التعليمية التي تعد القوى العاملة في مختلف مستويات المهارة ومؤسسات البحث العلمي في التأثير الفعال في العوامل التي تؤثر في زيادة الإنتاج إذ تؤثر مهارة العمل في المؤسسات التعليمية المختصة بإعداد القوى العاملة ومهارة العاملين في مؤسسات البحث العلمي في نوعية الخصائص المهارية التي تمتلكها القوى العاملة في مختلف قطاعات الإنتاج وتنعكس هذه الخصائص النوعية لمهارة القوى العاملة في المؤسسات الإنتاجية على إنتاجية عملهم ومن ثم على حجم ونوعية الإنتاج مباشرة كما تؤثر مهارة العاملين في المؤسسات التعليمية الخاصة بإعداد القوى العاملة ومؤسسات البحث العلمي في تحسين وسائل وأدوات الإنتاج ويظهر هذا التأثير غالبا من خلال النشاطات الواعية للقوى العاملة الماهرة في مجال تطوير وظائف الأدوات والوسائل الإنتاجية المتوافرة في مؤسساتهم سواء من خلال ابتكاراتهم أم من خلال صيانتهم وأدامتهم لفاعلية الأدوات والوسائل الإنتاجية المتاحة لهم وتنعكس تأثيرات ذلك فيق الجهود الموجهة للاستغلال الأفضل للإمكانات والطاقات والمعارف والخبرات المتوافرة

في سبيل تحسين وتطوير أساليب الإنتاج سواء من حيث تطوير صيغ النشاطات الإنتاجية أم من حيث تطوير الصيغ التنظيمية والإدارية وغيرها من النشاطات التي ترتبط بعمليات الإنتاج ويؤثر تحسين وسائل وأساليب الإنتاج بدوره في تطوير الإنتاج مباشرة وهكذا تظهر تأثير مهارة العمل في المؤسسات التعليمية ومؤسسات البحث العلمي في حجم ونوعية الإنتاج من خلال تأثيرها في أدوات ووسائل الإنتاج وتؤثر تلك المهارات أيضا في دور الكوادر العلمية العاملة في المؤسسات الإنتاجية والتي تقوم بالبحث عن إيجاد حلول علمية لمسائل تخص الإنتاج سواء أكانت مسائل تكنيكية تخص وسائل وأدوات الإنتاج أم مسائل تتعلق بأمور التنظيم وإدارة الإنتاج، إذ يؤثر المستوى العلمي في مؤسسات البحث العلمي والمعاهد العالية التي تعد كوادر علمية كمهندسين أو إداريين أو متخصصين في مجالات علمية أو فنية لمختلف المؤسسات الإنتاجية في المستوى العلمي لهذه الكوادر. إذ ان الأعداد الأفضل لهذه الكوادر سيؤدي الى رفع الفاعلية العلمية للنشاطات العلمية التي يبذلها هؤلاء المتخصصون في مجال وضع الحلول للمشكلات التي تجابه الإنتاج أو في مجال تطوير وتحسين وسائل الإنتاج. ان رفع فاعلية النشاطات العلمية للكوادر العلمية في المؤسسات الإنتاجية سيؤثر بدوره في تطوير أساليب الإنتاج واستخدام الإمكانات المتاحة لهم بأفضل الصيغ الممكنة ثم يؤثر في حجم ونوعية الإنتاج وأخيرا ينعكس مستوى مهارة العاملين في المؤسسات التعليمية ومؤسسات البحث العلمي على مدى تحسين الظروف والشروط التنظيمية للإنتاج من خلال إسهام مراكز البحوث في وضع معالجات تنظيمية أو إدارية لمسائل تتعلق بظروف العمل الإنتاجي ومن خلال إعداد الكوادر المهنية التي تستطيع التأثير الايجابي في الظروف التنظيمية والإدارية الخاصة بالإنتاج وبذلك تلعب مهارة العاملين دورا جوهريا في عملية النمو الاقتصادي ويظهر مستوى المهارة أما عاملا من عوامل زيادة وتائر النمو الاقتصادي أو عاملا معرقلا لذلك النمو بغض النظر عن درجة التطور التكنيكي التي تستخدم في الإنتاج. ان مستوى مهارة القوى العاملة سوف يلعب دورا ايجابيا في زيادة وتائر النمو الاقتصادي عندما يكون ذلك المستوى منسجما مع متطلبات التطور والنمو الاقتصادي ومستجيبا لحاجة القطاعات الإنتاجية والاقتصادية إذ تسهم المهارة في هذه الحالة في زيادة إنتاجية القوى

العاملة وتسهم في زيادة فاعلية الأدوات ووسائل الإنتاج ويكون عاملا من عوامل خفض التكاليف الفعلية للإنتاج أي خفض متوسط الكلفة الفعلية للوحدة الإنتاجية مع الحفاظ على خصائص ومواصفات الإنتاج من دون خفض كميتها وذلك من خلال مجموعة من النشاطات التي تلعب فيها مهارة القوى العاملة دورا حاسما على سبيل المثال النشاطات التي توجه نحو الاستغلال الأفضل للمواد الأولية ولطاقة أدوات الإنتاج أو الاستغلال الفعال لوقت العمل أو نشاطات القوى العاملة الماهرة في مجال صيانة وإدامة أدوات الإنتاج وإطالة عمرها الإنتاجي وغيرها من النشاطات التي توجه الى معالجة مواضع الإهدار لطاقة القوى العاملة وطاقة أدوات الإنتاج ووسائله أو معالجة الإهدار في المواد الأولية المستخدمة في الإنتاج أو الإهدار في وقت العمل وما يترتب على تلك المعالجة من خفض للنفقات الإنتاجية وقد يكون مستوى مهارة القوى العاملة عاملا معرقلا لنمو الاقتصاد الوطني وفروعه الإنتاجية وغير الإنتاجية عندما يقل عرض المهارات بالكمية والنوعية التي تحتاج إليها مؤسسات الإنتاج والنشاطات الاقتصادية ان نقص المهارات بالمستويات المطلوبة يعرقل إمكانية الاستفادة من التطور التكنيكي الذي يستخدم في الإنتاج إذ يعرقل إمكانية استخدام الأدوات والآلات بفاعلية أو ضمن الوظائف المحددة لها في عملية الإنتاج وكذلك تؤدي ظاهرة تدني مستويات مهارة القوى العاملة الى عدم إمكانية استغلال كل الإمكانات المتاحة لها في الإنتاج كاستغلال طاقة وسائل الإنتاج أو الاستغلال الأفضل للمواد الأولية أو استغلال وقت العمل بفاعلية عالية وغيرها من الظواهر التي تؤثر سلبا في إنتاجية عمل القوى العاملة وفي إنتاجية الآلة ثم تؤثر عموما في تدني وتيرة نمو الاقتصاد الوطني غير أنه من الضروري التأكيد على أن القوة التأثيرية لمهارة العاملين في النمو الاقتصادي تعتمد على ما يأتي:

المستوى المحقق من النمو الاقتصادي والاجتماعي الذي ينعكس على خصائص العمل للقوى العاملة أي على الخصائص النوعية الموروثة لعمل بحكم التقاليد الإنتاجية للعاملين كمسألة كيفية تحديد علاقة العامل مع العمل أو تحديد علاقاته بالتغيرات التي تحصل في الآلة او في ظروف العمل فكلما كان المستوى المحقق من النمو الاقتصادي هو مستوى أفضل كانت خصائص النوعية للعمل عاملا مساعدا للنمو

الاقتصادي وهكذا يظهر أن فاعلية المهارات تعتمد على درجة النمو الاقتصادي على الرغم من التأثير الكبير الذي تتركه المهارة نفسها في ذلك النمو وبعبارة أخرى ان هناك علاقة متبادلة بين فاعلية المهارات والنمو الاقتصادي المتحقق.

ان القوة التأثيرية لمهارة العاملين في النمو الاقتصادي أيضا على وتيرة النمو الاقتصادي فكلما زادت وتيرة النمو الاقتصادي زاد تأثير تلك المهارات في النشاطات الاقتصادية وازدادت الحاجة الى سرعة إعداد الكوادر المهنية بالإعداد والنوعيات التي تتطلبها تلك الوتيرة من النمو الاقتصادي.

تعتمد القوة التأثيرية لمهارة العاملين في النمو الاقتصادي على خصائص النمو الاقتصادي نفسه فكلما كان النمو الاقتصادي يحصل من خلال قفزات ازدادت مشكلة الحاجة للقوى العاملة الماهرة وازدادت الاختناقات في مجال الكوادر المؤهلة إذ تفرض خصائص النمو هذه تشغيل أعداد من القوى العاملة غير المؤهلة تأهيلا منسجما مع حاجة التطور ويترتب على ذلك انخفاض في إنتاجية هذه القوى المؤهلة شكليا وعلى العكس من ذلك فان النمو المتدرج سيقلل من الاختناقات التي يمكن أن تحصل في مجال الحاجة للقوى العاملة المؤهلة التي تتطلبها حاجة التطور.

تعتمد القوة التأثيرية لمهارة العاملين في النمو الاقتصادي على وتيرة استخدام التقدم التكنيكي وخصائصه إذ ان الاستخدام الفعال للآلات التكنيكية المتطورة في عملية الإنتاج يتطلب استخداما أفضل للقوى العاملة الماهرة واستعدادا أفضل في مجال تهيأة القوى العاملة المؤهلة التي تحتاج لها الآلات والأدوات الجديدة الأخرى التي تدخل في عملية الإنتاج وان هذا الاستخدام الفعال للآلات التكنيكية المتطورة وما يرافقه من استخدام أمثل للقوى العاملة الماهرة سيؤدي الى زيادة الفاعلية الإنتاجية لمهارة القوى العاملة قياسا الى إنتاجيتهم في ظروف تتميز بتدني المستوى التكنيكي للآلات والأدوات.

تعتمد زيادة إنتاجية وفاعلية مهارة القوى العاملة على مستوى المهارة نفسها أي أن مدى الفاعلية التي يمكن أن نتوخاها من مهارة العامل يعتمد على المستوى المهاري الذي يمتلكه ذلك العامل كما أن فاعلية المهارات العالية هي أكبر من فاعلية المهارات

المتدنية يضاف الى ذلك ان إمكانية زيادة مهارة القوى العاملة تعتمد على المستوى المهاري الذي تمتلكه تلك القوى العاملة فمثلا إمكانية زيادة مهارة العاملين الأمينيين هي أقل بكثير من إمكانية زيادة مهارة العاملين الحاصلين على مستوى تأهيلي متخصص في مجال معين، وهكذا فإن النتائج الاقتصادية التي نتوخاها من المهارات المتوافرة في مرحلة تاريخية معينة تعتمد على خصائص المهارات المتاحة لها في تلك المرحلة كما ان إمكانية تطوير تلك المهارات لا تنفصل عن طبيعة تلك الخصائص حيث سيؤثر تلك الطبيعة في وتيرة تطوير تلك المهارات وفي كلتا الحالتين تؤثر طبيعة المهارات التي تمتلكها القوى العاملة في عمليات الإنتاج وفي وتائر النمو الاقتصادي للمجتمع.

تعتمد النتائج الاجتماعية العامة التي تترتب على رفع متوسط مهارة القوى العاملة على بنية التشغيل استنادا الى مستويات مهارة القوى العاملة فكلما كانت المستويات المهارية للقوى العاملة الموظفة في فروعه الإنتاج والخدمات عالية مكنت من إجراء تغييرات اقتصادية واجتماعية وثقافية وسياسية أفضل إذ أن مستويات المهارة العالية ترافق كما بيننا نموا اقتصاديا في القطاعات التي تتوافر فيها تلك المهارات العالية كما أن ارتفاع المستوى المهاري للقوى العاملة يحدث دائما من خلال التدريب والتعليم من قبل المؤسسات التعليمية ومؤسسات العمل وكذلك عن طريق تطوير ما تراكم من الخبرات المهارية في مجال الإنتاج لأجيال سابقة ونقل تلك الخبرات المتراكمة بعد تطويرها ومواءمتها مع متطلبات الإنتاج للأجيال اللاحقة من القوى العاملة بعبارة أخرى أن المستويات العالية في مهارة القوى العاملة ترافق دائما مستوى عاليا من الثقافة والتعليم والوعي الكامل في مجال الإنتاج وفي الأسس العلمية والاقتصادية والاجتماعية التي تعتمد عليها العمليات الإنتاجية وهكذا فان توافر هذه الظروف التي ترافق المهارات العالية تسهل إجراء تغيرات اجتماعية سواء في نمط الإنتاج أم في مجال تطوير ثقافة وفكر المجتمع أو في أساليب المعيشة وأساليب إدارة شؤون المجتمع.

فمن خلال كل ما سبق من الكلام عن المهارة نستطيع أن نلخص التأثيرات التي تتركها المهارات باعتبارها ناتجا لنشاطات تعليمية وتدريبية لمؤسسات تعليمية أو لمؤسسات العمل في العمليات الإنتاجية وفي النمو الاقتصادي بما يأتي:

**أولا:تسهم مهارات العاملين مساهمة فعالة في زيادة إنتاجية** القوى العاملة وزيادة فاعلية كل من رأس المال وأدوات العمل وما تترتب على ذلك من زيادة في الإنتاج ونموا في الاقتصاد الوطني ان توافر المهارات بالكمية والنوعية اللتين يتطلبهما مختلف قطاعات الإنتاج يؤدي الى سير العملية الإنتاجية بصورة متزنة دون اختناقات سواء من حيث كمية القوى العاملة الماهرة أو من حيث مستوى المهارات المطلوبة لتلك العمليات الإنتاجية ان سير العمليات الإنتاجية من دون حدوث أي انقطاع أو حدوث أي خلل في عملية الإنتاج بسبب عدم توافر القوى العاملة بالمهارات المطلوبة سيؤدي الى استمرارية الإنتاج وما يترتب على ذلك من أداء المؤسسات الإنتاجية لوظائفها بصورة سليمة وما تترتب على ذلك بدورها من نتائج ايجابية على حجم ونوعية الإنتاج، ولقد بينا أن مهارة القوى العاملة تؤثر في إنتاجية تلك القوى وما تترتب على ذلك من تأثيرات فيق حجم الإنتاج إذ تتطلب الحاجة الى زيادة القوى العاملة كباقي الحالات التي يتعذر فيها عرض مستويات مهارية عالية من اجل إنتاج حجم معين من المنتوج ويؤدي ذلك الى زيادة نفقات الإنتاج غالبا إضافة الى ما يتركه تدني مستويات المهارة من آثار ضارة في العملية الإنتاجية كالإهدار في كميات المواد الأولية المستخدمة في الإنتاج نتيجة عدم دراية وكفاءة العاملين ولقلة خبرتهم في مجال كيفية الاستغلال الأفضل لتلك الموارد أو الإهدار الناتج عن عدم الاستغلال الأفضل لطاقة أدوات الإنتاج وعدم استغلال وقت عمل القوى العاملة بصورة أكثر إنتاجية أو الإهدار الناتج عن عدم أو ضعف إدامة وصيانة وسائل الإنتاج نتيجة قلة خبرة القوى العاملة وتدني مستوى مهارتها وأخيرا الإهدار الذي ينتج عن تدني مستوى إدارة وتسيير نشاطات المؤسسات الإنتاجية وعن عدم إمكانية توفير ظروف عمل أفضل لضعف علاقة العامل بأدوات العمل وضعف علاقته بالعاملين وعدم تمكنه من تكوين قيم ايجابية تجاه العمل وتجاه علاقات الإنتاج وهكذا يترتب على ظاهرة عدم توافر المهارات بالمستوى والكمية المطلوبة تعثر في عمليات الإنتاج وتعثر في تحقيق زيادة ملحوظة في حجم الإنتاج وفق شروط مقبولة من وجهة نظر اقتصادية وعلى العكس من

ذلك سيؤدي توافر المهارات وبالمستويات المطلوبة الى رفع الفاعلية الإنتاجية للقوى العاملة، ويؤدي ذلك الى التقليل من القوى العاملة في سبيل إنتاج نفس الحجم من المنتوج وما يترتب على ذلك عمليا من تقليل لنفقات الوحدات المنتجة وزيادة ربحية المؤسسة الإنتاجية ويضاف الى ذلك أن توفير القوى العاملة ضمن المستويات التأهيلية المطلوبة سيؤثر إيجابا في العلاقات التي تسود في العمل وبين العاملين وهكذا يؤدي توافر المهارات من خلال جميع هذه الظواهر الى تقليل الإهدار في المواضع التي تؤثر في نفقات الإنتاج وفي حجم المنتوج وبذلك يكون عاملا مهما من عوامل زيادة الإنتاج وهناك جانب آخر لتأثير المهارة في الإنتاج إذ تؤثر المستويات المهارية المستخدمة في الإنتاج في كمية رأس المال التي توظف في عمليات الإنتاج حيث أن عدم توافر أعداد القوى العاملة بالمهارات المطلوبة سيؤدي الى زيادة الإنفاق والى ضرورة توفير حجم أكبر من رأس المال وعلى العكس من ذلك يؤدي توافر القوى العاملة وبالمهارات المطلوبة الى تقليل الحاجة الى رأس المال قياسا على الحالة التي لا تتوافر فيها القوى العاملة بالمهارات المطلوبة ان توافر المستويات المهارية يؤدي الى توجيه الفائض من رأس المال الناتج عن زيادة فاعلية عمل العاملين وعن تقليل النفقات نتيجة للتأثير الايجابي للقوى العاملة في نشاطات الإنتاج ومعالجة الإهدار الى مجالات إنتاجية أخرى كما أن توافر المهارات بالمواصفات المطلوبة يقلل من الأثر السلبي الذي يمكن أن تتركه الحالات التي لاتتوافر فيها إمكانية عرض كميات إضافية من رأس المال للعمليات الإنتاجية وهكذا تترك المهارة تأثيرات متعددة الجوانب إنتاجية الآلة وأدوات الإنتاج من خلال فاعلية رأس المال المستخدم في الإنتاج ففي الحالات الثلاث يمكن أن يكون للمهارة دور ايجابي في حالة توافرها بالمستويات وبالكمية التي يتطلبها الإنتاج أو يكون لها دور سلبي عندما يكون المعروض منها سواءا من حيث الكم أم من حيث النوعية من دون المستوى الذي تحتاجه القطاعات الإنتاجية.

**ثانيا: أن المهارات تترك تأثيراتها في وظائف أدوات ووسائل الإنتاج** إذ ان توافر المهارات ضمن المستويات الضرورية للإنتاج سيؤثر إيجابا في مجال تأثير القوى

العاملة في تطوير وسائل الإنتاج وفي مجال التأثيرات الايجابية للقوى العاملة في حل المشاكل التكنيكية والإدارية والتنظيمية التي تجابه عمليات الإنتاج إذ تظهر المهارة في هذه الحالة قوة ذات تأثير كبير في مجال تطوير إبداعات العاملين من عمال وفنيين ومتخصصين في مجال حل المشاكل التكنيكية وتطوير أساليب الإنتاج والعمليات التكميلية التي ترتبط به وتظهر المهارة أيضا بمثابة قوة ذات تأثير في تطوير المواهب والميول الى العمل والنشاط الاجتماعي أو الاداري وهكذا تترك المهارات تأثيراتها الايجابية في الإنتاج من خلال تلك التأثيرات الايجابية لها في مجال تطوير وظائف أدوات ووسائل العمل وأساليب الإنتاج وعلى العكس يؤثر عدم توافر المهارات بالمستويات المطلوبة سلبا في الإنتاج لعدم إمكانية العاملين على تطوير أدوات العمل أو تطوير أساليب الأنتاج وأساليب الدارة والتنظيم .

**ثالثا: تؤثر المهارات في حالة توافرها** بالمستويات المطلوبة وبالأعداد الضرورية في تحسين نوعية المنتوج فان امتلاك العامل للمهارة يعني امتلاكه للإمكانات الضرورية على انجاز المهمات الإنتاجية التي تناط به بدقة ووفق المواصفات المرسومة بل يعني امتلاكه أيضا للإمكانات التي تمكنه من تطوير تلك المواصفات المرسومة للمنتوج وهكذا تلعب المهارة من دون العوامل الأخرى دورا حاسما في مسألة نوعية المنتوج بل يتقدم دور المهارة هنا على دور رأس المال أو دور التقدم التكنيكي فعلى الرغم من الدور الكبير الذي يلعبه التقدم التكنيكي في مجال تطوير نوعية الإنتاج يبقى هذا الدور ثانويا قياسا على دور المهارة إذ أن التقدم التكنيكي عاجز عن تحقيق النوعية المطلوبة من دون وجود مهارات تضمن انجاز المهمات الإنتاجية ضمن المواصفات التي تستطيع أدواته الإنتاج انجازها وبالعكس يظهر تأثير إبداعات القوى العاملة في تخطي المواصفات المرسومة للإنتاج ضمن نفس الشروط التكنيكية للإنتاج وعلى العكس من التأثيرات الايجابية التي تتركها المهارات في نوعية المنتوج في حالة توافرها بالمستويات والإعداد المطلوبة يكون للمهارة دورا سلبيا على نوعية المنتوج في حالة عدم توافر المستويات المهارية وبالأعداد المطلوبة بغض النظر عن الشروط التكنيكية المستخدمة في الإنتاج وبغض النظر عن حجم رأس المال الموظف في العمليات الإنتاجية وأن الدور السلبي للمهارة آت في هذه الحالة نتيجة عدم إمكانية القوى العاملة غير المؤهلة تأهيلا مناسبا من استخدام إمكانات الأدوات والآلات في إنتاج المنتوج ضمن المواصفات المرسومة

لإنتاجية تلك الأدوات والآلات ويظهر أيضا هذا الدور السلبي للمهارة من خلال عدم إمكانية القوى العاملة غير المؤهلة وفق المواصفات المطلوبة من إتقان مهماتهم الإنتاجية وما تتركه هذه الظاهرة من تأثير ضار في نوعية المنتوج إضافة الى ذلك ان روح الإبداع والخلق الضروريين لتطوير المنتوج وتحسينه معدومة عند العاملين الذين ينقصهم التأهيل المناسب وهكذا تلعب المهارة دورا كبيرا في مجال التغيير في نوعية الإنتاج سيؤدي الى زيادة قيمة المنتوج وعدم تطوير نوعية المنتوج سيؤدي الى تدني قيمة المنتوج بمرور الزمن بسبب تخلف مواصفات ذلك المنتوج عن المواصفات الجديدة التي تتفق وتطور أذواق ورغبات وحاجات السلع والخدمات المنتجة.

**رابعا: يسهل توافر المهارات بالمستويات المطلوبة** الاستخدام الأمثل لقوى العاملة المتاحة ويسهل مسألة تخطيط النشاطات التي تخص كيفية توزيع تلك القوى على القطاعات الإنتاجية والخدمية المختلفة وهنا لابد من التأكيد على أن توافر هذه المهارات سيسهل استغلال طاقات وإمكانات القوى العاملة بصورة أفضل وما تترتب على ذلك من نتائج ايجابية سواءا في مجال توفير الأيدي العاملة لكل قطاعات الإنتاج وفق المواصفات الضرورية لها أمَّ في مجال حل مشكلة البطالة المقنعة الناتجة عن استخدام حجم كبير من القوى العاملة غير الماهرة في مجالات لا يمتلكون فيها المؤهلات الضرورية للنشاطات الإنتاجية وبذلك يعد عملهم عملا غير إنتاجي من وجهة نظر اقتصادية ان مسألة الاستخدام الأمثل للقوى العاملة تفرضها متطلبات التنمية الاقتصادية وان توافر المهارات المناسبة سيمكن من استخدام الطاقات المتاحة لها بمواصفاتها القياسية في حين يؤدي عدم توافر تلك المهارات سواءا من حيث الكم أم من حيث المستوى النوعي الى استخدام تلك الطاقات المتاحة لها من دون مستوى المواصفات القياسية وما يترتب على ذلك من هدر لطاقات القوى العاملة المتاحة وما يترتب بدورها على هذه الظاهرة من نتائج سلبية في حجم الإنتاج ونوعيته وبذلك يكون عدم توافر المهارات المناسبة كما ونوعا عاملا معرقلا للنمو الاقتصادي من هذه الناحية أيضا.

**خامسا: تؤدي المهارة دورا كبيرا في مجال التغلب على النقص** الآتي من قلة ما هو معروض من الأيدي العاملة وخاصة في الفترات التي يشهد فيها الاقتصاد الوطني وقطاعاته انتعاشا وتشهد النشاطات الإنتاجية توسعا كبيرا. ان تنمية المهارات ستكون أفضل بديل لذلك النقص حيث تسهم المهارة كما ذكر أنفا في زيادة إنتاجية القوى العاملة وبذلك يتم عن طريق تركيز العمل ورفع القوة الإنتاجية لعمل القوى العاملة المتاحة التعويض عن النقص في الأيدي العاملة التي تحتاجها القطاعات الإنتاجية والخدمية.

**سادسا: يؤدي امتلاك القوى العاملة للمهارات المناسبة** الى سهولة تكييف نشاطات العاملين لمتطلبات التغيير الذي يحدث في بنية النشاطات الإنتاجية حيث أن المهارة بمفهومها الواسع هي مجموعة من الخبرات والمعارف والإمكانات الواعية في مجال السيطرة وانجاز المهمات الإنتاجية وان هذه الخبرات والمعارف والإمكانات المستندة الى أسس علمية تسهل على القوى العاملة استيعاب التغييرات الضرورية على بنية المهنة ثم استيعاب المهارات الضرورية التي قد تختلف في بعض جوانبها عن المهارات التي كانت تمتلكها سابقا وزهنا لا بد من التنويه الى أن الظروف الحالية لتطور العلم والتكنيك قد أدت الى تعريض متطلبات انجاز المهن الى تغيير مستمر غالبا ما يؤدي الى الحاجة الى تغيير الجزء الأعظم من المهارات المتوافرة وفي أحيان أخرى يؤدي التقدم العلمي والتكنيكي الى زوال مهن معينة وظهور مهن جديدة أخرى. ان امتلاك القوى العاملة للمهارات سيمكن من الانتقال المرن من مهنة الى مهنة أخرى بسبب امتلاك العامل الماهر للأسس العلمية التي تستند إليها المهنة وخاصة إذا علمنا أن هناك أسس مشتركة بين مجموعات المهن فعلى سبيل المثال ان المهن الميكانيكية والكهربائية تستند الى المعلومات الخاصة في مجال الرياضيات والفيزياء إضافة الى المعلومات المتخصصة في مجال المهنة كما أن المهن الزراعية تستند الى المعلومات التي تخص الكيمياء وعلوم الحياة فان الانتقال بين المهن في مجال التكنيك ممكن لامتلاك العامل للأسس العلمية التي تستند تلك المجموعة من المهن وكذلك هو الحال بالنسبة للمهن الزراعية أو المهن في المجالات الأخرى ان إمكانية إجراء تغييرات على المهارات الضرورية لمتطلبات المهن مسألة ضرورية في الشروط التكنيكية المعاصرة ولها تأثير كبير في نتائج العمليات الإنتاجية في ظل هذه الشروط التكنيكية والعلمية .

**سابعا: ونتيجة لكل الظواهر التي ذكرت آنفا سيحقق** توافر المهارات بالمستويات والكميات المناسبة وتيرة أفضل للنمو الاقتصادي هذه الوتيرة التي تكفل تطورا أفضل ضمن الشروط والظروف الاقتصادية المتاحة لها وبذلك تصبح عاملا من عواما تنشيط الفعاليات الاقتصادية وبالتالي عاملا من عوامل رفاهية المجتمع التي هي الهدف النهائي لكل النشاطات الإنسانية سواءا في مجال الإنتاج أم في مجال الخدمات.

ومن كل ما سبق يظهر أن المهارة التي هي نتيجة من نتائج النشاطات التعليمية تسهم إسهاما كبيرا في النمو الاقتصادي للمجتمع وما يترتب على ذلك من انتعاش اقتصادي لكل أفراد المجتمع يضاف الى ذلك أن المهارة تسهم إسهاما مباشرا في تحسين الحياة الاقتصادية والاجتماعية للأفراد حيث أن الأفراد الذين يمتلكون مهارات أفضل سواءا في مجالات الإنتاج أم الخدمات سيحصلون على موارد مالية او مدخولات أفضل من أولئك الذين يمتلكون مهارات اقل وبذلك تصبح المهارة عاملا مباشرا في تحسين الحياة الاقتصادية للأفراد إضافة الى كونها عاملا تسهم بصورة غير مباشرة في تحسين هذه الحياة من خلال انعكاس التأثيرات الايجابية لنمو الاقتصاد الوطني في الإمكانات الاقتصادية للأفراد.

## -أثر التقدم العلمي والتكنيكي في النشاطات الاقتصادية:

لقد بينا آنفا ان التقدم في مجال العلم والتكنيك نتاج من نتاجات التعليم إذ تلعب المؤسسات التعليمية دورا حاسما في إعداد الكوادر العلمية التي تتحمل مهمات البحث في مجال العلم والتكنيك كما أن النشاطات العلمية في مجال البحث هي أيضا شكل من أشكال النشاط الفكري الذي لا يبتعد كثيرا عن النشاطات التعليمية ويضاف الى ذلك كله ان المؤسسات التعليمية العالية تقوم بدور فعال في مضمار البحث في مختلف مجالات العلم والتكنيك ولتلك الأسباب جميعها فان أي تقدم في مجال العلوم والتكنيك يمكن أن يعزى في المحصلة النهائية الى دور مؤسسات التعليم ومؤسسات البحث العلمي ومن هذا المنطلق يعد الأثر الذي يتركه التقدم العلمي والتكنيكي في الإنتاج وفي النمو الاقتصادي أثرا للتعليم ولمؤسساته باعتبار ان العلم والمعرفة هما نتاج لنشاطات هذه المؤسسات.

إنَّ التقدم في مجال العلم والتكنيك يترك آثارا مباشرة وغير مباشرة على النمو الاقتصادي من خلال المظاهر الآتية:

* يترك التقدم العلمي والتكنيكي آثاره في العمليات الإنتاجية مباشرة من خلال الاختراعات والاكتشافات التي تستغل نتائجها بصورة مباشرة في مجال الإنتاج إذ تستخدم تلك النتائج في مجال تغيير وسائل الإنتاج أو تغيير أساليب الإنتاج أو في مجال استبدال المواد الأولية المستخدمة في الإنتاج او إيجاد وسائل وأساليب جديدة أكثر فاعلية سواءا من حيث قيامها بتقليل النفقات الإنتاجية أم من حيث إمكاناتها العالية في مجال زيادة الإنتاج وتحسين نوعيته لوسائل وهكذا فان أي تطوير لوسائل الإنتاج وأدواته وأساليبه لا يمكن ان يحصل بمعزل عن نتائج التقدم الذي يحصل في مجال - العلوم وفي مجال التكنيك وبذلك يلعب التقدم العلمي دورا كبيرا في عملية الإنتاج وأدواته وأساليبه لا يمكن ان يحصل بمعزل عن نتائج التقدم الذي يحصل في مجال العلوم وفي مجال التكنيك وبذلك يلعب التقدم العلمي دورا كبيرا في عملية الإنتاج بل يصبح عاملا وقوة لا يمكن تجاهلها لما تترتب عليهما من نتائج ذات تأثيرات في بنية الاقتصاد الوطني.

* يظهر اثر التقدم العلمي والتكنيكي من خلال إبداعات القوى العاملة حيث أن استيعاب القوى العاملة لما يحدث من تطور في مجال نشاطها الإنتاجي له الأثر الأكبر في التأثير الايجابي للعاملين في مختلف النشاطات التي تدخل في عمليات الإنتاج إذ يستفيد العاملون والكوادر العلمية والفنية المتخصصة في مختلف قطاعات النشاط الاقتصادي من نتائج البحوث العلمية و في مجالي العلم والتكنيك في الحالات التي يضعون فيها حلولا لمشاكل وصعوبات تواجههم في معرض نشاطهم الإنتاجي سواء أكانت مشاكل تكنيكية أم مشاكل تخص كيفية التنظيم والإدارة أو مشاكل تخص علاقة العامل بالعمل وعلاقة العاملين فيما بينهم. ان استخدام المعطيات العلمية التي تخص مختلف أوجه النشاط الإنتاجي يجعل من الفعاليات الإنتاجية فعاليات تستند الى أسس علمية وما لهذه الظاهرة من تأثيرات ايجابية في حجم الانتاج ونوعيته.

* يظهر اثر التقدم العلمي من خلال زيادة فاعلية وإنتاجية عمل العاملين إذ توافر نتائج البحوث في مجال التكنيك وفي مجال التنظيم والإدارة ظروف عمل أفضل ووسائل إنتاج أكثر كفاءة تمكن من استغلال أفضل لقوة عمل العاملين وبذلك تسهم هذه النتائج العلمية في استغلال طاقة القوى العاملة بمواصفات مناسبة من دون اللجوء الى توظيف قوى عاملة إضافية في الإنتاج وتصبح تلك النتائج العلمية بمثابة قوة إنتاجية إضافية من خلال استغلالها لطاقات في القوى العاملة لم تكن مستخدمة بكاملها في عمليات الإنتاج.

يؤدي الاعتماد على معطيات التقدم العلمي والتكنيكي الى استغلال رؤوس الأموال الموظفة استغلالا أفضل إذ ان نتائج التقدم العلمي والتكنيكي تقدم إمكانات أفضل لاستغلال رأس المال بمواصفات قياسية حيث أن نتائج البحوث العلمية في مجال التنظيم والإدارة وتسيير شؤون الإنتاج ستمكن المختصين من كيفية توجيه الموارد المتاحة ومعالجة المواضيع التي يحدث فيها إهدار تلك المواد يضاف الى ذلك أن أي تجديد لوسائل وأدوات الإنتاج يعد بحد ذاته أسلوبا لزيادة فاعلية رأس المال الموظف في عمليات الإنتاج كما أن استدام معطيات العلم في كيفية التعامل مع أدوات ووسائل الإنتاج سيؤدي الى إطالة العمر الإنتاجي لتلك الأدوات والوسائل وما يترتب على ذلك من اقتصاد في الموارد المالية وتوجيه ما هو متاح منها لأغراض أخرى بدلا من توجيهها لاستبدال أدوات الإنتاج.

يسهل استخدام المعطيات العلمية في العمليات الإنتاجية الكشف عن مختلف العلاقات التي تربط بين مختلف القطاعات الاقتصادية وبذلك تمكننا تلك المعطيات العلمية من السيطرة على التأثيرات المتبادلة بين مختلف القطاعات الإنتاجية ومختلف قطاعات النشاط الاقتصادي وتعد السيطرة هذه مسألة ذات دلالات كبيرة في مجال التخطيط الشامل للاقتصاد الوطني وفي مجال تنظيم أهداف القطاعات الاقتصادية في سبيل تحقيق الأهداف الاقتصادية المركزية للمجتمع وبذلك تلعب المعطيات العلمية دورا في عملية تحقيق الأهداف والمهمات التي تواجهها القطاعات الاقتصادية المختلفة بصورة أفضل وتسهم في النمو المتزن لتلك القطاعات الاقتصادية والإنتاجية.

وهكذا نرى أن التقدم العلمي والتكنيكي يصبح قوة فاعلة في عمليات الإنتاج وفي التأثير في النشاطات الاقتصادية ويعد وجود هذا العامل مسألة ضرورية في ظروف الإنتاج المعاصرة لأجل ضمان فاعلية العوامل التي تدخل في عملية تكوين الإنتاج أو لضمان فاعلية العوامل التي تؤثر على النمو الاقتصادي وبذلك تلعب المعطيات العلمية والتكنيكية دورا حاسما في التأثير ووتائر التغيرات الاجتماعية والثقافية التي ترفق ذلك وهكذا لا يمكن تصور إمكانية تحقيق تقدم ملموس في مجال تطوير الإنتاج وفي مجال النمو الاقتصادي بمعزل عن الأخذ بالمعطيات التي تتعلق بالتقدم العلمي والتكنيكي وخاصة ان ظروف الإنتاج الحالية في تغيير مستمر وان البقاء على الأساليب التقليدية في الإنتاج سيؤدي حتما الى عدم إمكانية الاستمرار في الإنتاج لعدم قدرة الوسائل التقليدية من مواكبة الوسائل الجديدة التي تقدمها المعطيات العلمية الجديدة في مجال التكنيك ولعدم ملائمة كثير من المنتوجات والخدمات بالمواصفات التقليدية للحاجات المتغيرة للأفراد التي تتغير بتأثير نفسها وهكذا نلاحظ أن التقدم في مجال العلوم والتكنيك يؤثر ضمن شبكة معقدة من التأثيرات والنشاطات الخاصة بالإنتاج والنمو الاقتصادي.

### -أثر وعي وثقافة السكان في النشاط الاقتصادي-

تستهدف نتائج النشاطات الاقتصادية المختلفة إلى إشباع حاجات الأفراد والمجتمع وتستهدف في المرحلة النهائية انتقال أفراد المجتمع من حالة اقتصادية إلى حالة أخرى تتوافر فيها إمكانيات أفضل في تلبية حاجة الأفراد وحاجة المجتمع من سلع مادية وخدمات في مختلف أوجه النشاط الإنساني وتؤثر درجة وصيغ إشباع تلك الحاجات من سلع مادية وخدمات في مجال الثقافة والتعليم والصحة والإسكان والنقل والسياحة والرياضة والفن وغيرها في النشاطات الاقتصادية وفي أسلوب انتقال الأفراد من حالة اقتصادية إلى حالة أفضل وكذلك تؤثر في وتيرة ذلك الانتقال فالحالة التي يعاني منها أفراد المجتمع في استهلاك السلع والخدمات ستؤثر على النشاطات الاقتصادية في أوجه متعددة إذ تؤدي هذه الحالة إلى التركيز في إنتاج السلع والخدمات التي يزداد الطلب الاجتماعي عليها وإهمال مجالات أخرى قد تكون حيوية وذات

تأثير كبير في مستقبل ووجهة النمو الاقتصادي للمجتمع أو قد تؤدي تلك الحالة إلى التفريط بالموارد المالية المتاحة للأفراد والمجتمع من دون اللجوء إلى الادخار وما يترتب على ذلك من نتائج سلبية على وتيرة النمو الاقتصادي فالصيغ غير المتزنة في استهلاك السلع والخدمات ستؤثر سلبيا في النشاطات الاقتصادية كما هو الحال في عدم التقدير الصحيح لحاجة الفرد أو المجتمع من السلع والخدمات الضرورية لإشباع حاجاتهم الفعلية لتلك السلع والخدمات إذ إن ذلك التقدير غير السليم سيؤدي إلى تبديد الموارد التي وجهت لإنتاج تلك السلع والخدمات بسبب الاستخدام غير الاعتيادي لتلك السلع والخدمات وهكذا يؤثر نشاط أفراد المجتمع في مجال كيفية ودرجة الاستفادة من نتائج النشاطات الاقتصادية في نوعية النشاطات التي تستخدم في مجال الإنتاج والخدمات ويؤثر أيضا في حجم ونوع المنتوج من سلع وخدمات أي بعبارة أخرى سوف يؤثر في مجمل العمليات والنشاطات الإنسانية التي توجه في سبيل خلق الخيرات المادية والمعنوية ويؤثر أيضا من جانب أخر في حجم ونوع تلك الخيرات وبالتالي سيؤثر هذا النوع من النشاط في مجمل العمليات الاقتصادية وفي نمو الاقتصاد الوطني ، ومن هنا يظهر اثر وعي وثقافة أفراد المجتمع وهما مظهران من مظاهر اثر التعليم في تنظيم السلوك الاقتصادي لأفراد المجتمع في كيفية الاستفادة من السلع المادية والخدمات الاجتماعية ويؤدي هذان العنصران (الوعي والثقافة) مجموعة من الوظائف في تنظيم النشاطات الإنسانية في هذا المجال منها ما تخص تحديد حجم ماهو ضروري من استهلاك السلع والخدمات فبفضل الوعي والثقافة يستطيع أفراد المجتمع التحكم بصورة أفضل بحجم استهلاكهم من السلع والخدمات وتحديدها بدقة ضمن الحدود الضرورية لإشباع حاجاتهم والمفاضلة بين استهلاك مختلف السلع والخدمات وانتقاء ما هو ضروري فعلا والاستغناء عن بعض أوجه النشاط الاستهلاكي التي لا يشعر بحاجة فعلية إليها، وهذا الإدراك الواعي يمكن أفراد المجتمع من التحكم بحجم النشاطات الاقتصادية في مجال إنتاج السلع والخدمات الاستهلاكية من خلال تحكمهم بحجم ما يستهلكونه من تلك السلع والخدمات وبذلك يترتب على هذه الظاهرة نمو في إنتاج بعض السلع والخدمات الضرورية وتقلص في إنتاج السلع والخدمات التي تحتل المرتبة الثانية في الحاجات الفعلية لأفراد المجتمع فتلك المرحلة التاريخية من نموه

الاقتصادي أما الوظيفة الثانية لعنصري الوعي والثقافة الاجتماعية في هذا المجال فتتمثل بإمكانية الأفراد في استغلال ما هو متاح لهم من السلع والخدمات الاستهلاكية استغلالا أفضل وبذلك تستنفذ كامل الأغراض التي وجهت أو أنفقت لأجلها الموارد المالية لدى أفراد المجتمع فبفضل الوعي والثقافة يستطيع الفرد تحديد الغرض من الإنفاق في مجال شراء السلع والخدمات ثم الاستفادة القصوى من تلك السلع والخدمات من غير تبذير لها وعلى العكس من ذلك فان فقدان ذلك الوعي والثقافة سيؤدي إلى ضياع كثير من أوجه الاستفادة من السلع والخدمات لعدم إدراك أفراد المجتمع أولا لأهمية تلك الجوانب التي تبذر وثانيا لعدم معرفتهم بكيفية الاستفادة منها وتظهر ذلك بصورة واضحة في مجال الخدمات حيث أن المجتمع يخصص جزءا لا يستهان به من الموارد للخدمات الاجتماعية فان جهل أفراد المجتمع في كيفية الاستفادة من تلك الخدمات سيؤدي، اما إلى إهمال أفراد المجتمع لتلك الخدمات وعدم الاستفادة منها جزئيا أو كليا أو إلى تشويه أغراض تلك الخدمات واستغلالها بصورة لا تتفق والأغراض التي وجهت لأجلها وفي كلتا الحالتين يؤدي ذلك الجهل إلى الإهدار الكلي أو الجزئي للنفقات التي وجهت لأجل إنتاج تلك الخدمات وهكذا يلعب الوعي والثقافة دورا كبيرا في ترشيد الاستهلاك لدى الأفراد سواءا في مجال اختيار السلع والخدمات الاستهلاكية الضرورية أم في مجال كيفية الاستفادة من تلك الخدمات والسلع بمواصفاتها القياسية أما الوظيفة الثالثة لعنصري الوعي الثقافي فتتمثل بتوجيه جزء من الموارد التي تفيض عن حاجة الأفراد والمجتمع نتيجة التحكم بأوجه الاستهلاك إلى الادخار أو لنشاطات اقتصادية أخرى وفي كلتا الحالتين سيؤثر هذا النشاط في بنية الاقتصاد الوطني حيث أن إدخار جزء من الموارد المالية للمجتمع سيمكنه من تجديد وسائل الإنتاج وتوجيه جزء منها إلى مجالات إنتاجية جديدة أو لتوسيع مجالات إنتاجية سابقة كما أن الآثار الاقتصادية الايجابية واضحة من توجيه موارد مالية كانت مخصصة للاستهلاك لمجالات ونشاطات إنتاجية وهكذا يتحكم الوعي والثقافة اللذان يعدان مظهرا من مظاهر التعليم بترشيد الاستهلاك لدى أفراد المجتمع لتحقيق صيغ أفضل من استغلال الموارد والإمكانات المتاحة للمجتمع في أية مرحلة تاريخية لنموه الاقتصادي والاجتماعي وبذلك يترك هذان العنصران آثرا كبيرا

في بنية الاقتصاد الوطني وفي وتيرة نمو ذلك الاقتصاد إن الأثر الاقتصادي لوعي وثقافة أفراد المجتمع لا ينحصر في مجال الاستهلاك والادخار بل يتعداها إلى جوانب متعددة وقد سبق أن تطرقنا إليها عندما عرضنا لآثر المهارة والتقدم العلمي وهنا يتداخل اثر هذين العنصرين معه الآثار التي يتركها كل من التقدم في مجال النشاطات العلمية والتكنيكية ومهارة القوى العاملة إذ أن الوعي والثقافة سيدخلان عنصرين من العناصر التي تكون مهارة القوى العاملة وسيدخلان أيضا جزءا من القاعدة المعرفية والفكرية للمتخصصين في مجال العلم والتكنيك فإدراك القوى العاملة لمسؤولياتهم الإنتاجية وحرصهم على نتائج نشاطاتهم الإنتاجية عامل ذو تأثير كبير في وتيرة النمو الاقتصادي وفي بنية النشاطات الاقتصادية وفي بنية الاقتصاد الوطني وأخيرا يؤثر كل من الوعي والثقافة في الظروف التي تحيط بالنشاط الإنتاجي للقوى العاملة سواءا في مجال الإنتاج المادي أو في مجال الخدمات إذ إن إدراك القوى العاملة لعلاقتهم فيما بينهم وعلاقاتهم بالعمل ووسائل الإنتاج سيؤثر حتما في حجم ونوعية الإنتاج ويترك أثرا واضحا في بنية الاقتصاد الوطني وفي وتيرة نمو ذلك الاقتصاد وهكذا نرى إن الوعي والثقافة في المجتمع يتركان أثارا واضحة في النشاط الاقتصادي سواءا من حيث تأثيرهما في الظروف التي تحيط بكيفية استغلال النتائج التي تترتب على النشاطات الإنتاجية في مجال إنتاج السلع المادية والخدمات الاستهلاكية من حيث تأثيرهما بصفتهما قوة من قوى الإنتاج.

### -أنواع العائد الاقتصادي للتعليم-

تعد مسألة تصنيف العوائد الاقتصادية من إحدى المسائل المعقدة التي طالما تاه فيها كثير من الدارسون في الموضوعات التي تتعلق بمردودات تأتي من طبيعة العائد التربوي وكيفية تقويم ذلك العائد اقتصاديا حيث جرت العادة عند الاقتصاديين إخضاع نوع من أنواع المردودات الآتية من النشاطات التعليمية لمعايير اقتصادية تعتمد في حين أن النشاطات التعليمية كأي نشاط إنساني تفرز من خلال عملياتها نتائج لا يمكن تقديرها بقيم نقدية بسبب طبيعة هذه النتائج التي لا تخضع لتقدير نقدي غير أن هذه النتائج ترتبط في الوقت نفسه بمظاهر وفعاليات ذات طبيعة اقتصادية فعلى سبيل

المثال إن آية عملية تعليمية لا بد من أن تستهدف إلى تزويد الفرد بمعرفة أو بخبرة أو بمهارة ما، وهذه النتائج هي نتائج يصعب عمليا تقدير قيمتها نقديا لأنها أصبحت جزءا من كيان الفرد الإنتاجية والاقتصادية والتي تترتب عليها بدورها نتائج يمكن تقدير قيمتها النقدية وهكذا فان المظاهر ترتبط بتلك النتائج نتائج النشاطات التعليمية والتي تسمح بإمكانية قياسها أو وضع قيمتها النقدية لا يمكن أن تكون بديلا عن تلك النتائج نفسها ولذلك تعد مسألة اعتبار قيمة هذه المظاهر التي تترتب على نتائج النشاطات التعليمية بمثابة قيمة لنتائج النشاطات أمرا مضللا بل كان الاعتقاد سببا لعدم جدوى كثير من المعالجات الاقتصادية في التعليم وخاصة في مجال تحديد العوائد الاقتصادية للتعليم ومجال قياس تلك العوائد حيث اعتقد الاقتصاديون أن النتائج التي تترتب على النشاطات التعليمية والتي تتمثل بالمهارات والمعارف والخبرات لها قيمة اقتصادية في ذاتها ويمكن قياسها وتحديد قيمتها الاقتصادية في حين أن تلك النتائج لها قيمة اقتصادية في ذاتها في حالة واحدة فقط عندما تكون تلك النتائج غرضا لأجل إشباع الحاجات الآنية للأفراد في مجال المعرفة وتطوير واغناء الحياة المعنوية لهم أي عندما يستخدم الأفراد والمجتمع تلك النتائج لأغراض الاستهلاك وحتى في هذه الحالة عندما تكون النتائج التي تترتب على التعليم بمثابة عائد اقتصادي مباشر لا يمكن تحديد قيمة هذا العائد الاقتصادي نظرا لعدم ملائمة طبيعته للقياس والتحديد وما عدا هذه الحالة لا تترتب على نتائج التعليم قيمة اقتصادية مباشرة في ذاتها بل أن قيمتها الاقتصادية تظهر من خلال استخدامها وتأثيرها في النشاطات الاقتصادية فمن غير استخدام تلك النتائج في النشاطات الاقتصادية لا تظهر القيمة الاقتصادية الفعلية لتلك النتائج كما أن لكيفية وظروف استخدام تلك النتائج الأثر الكبير في تحديد القيمة الاقتصادية لتلك النتائج التعليمية.ويضاف إلى ما سبق أن هناك مظاهر أخرى للنتائج التي تترتب على النشاطات التعليمية التي لها طبيعة إنسانية بحتة والتي لا يمكن تقدير قيمة نقدية لها على العكس من المظاهر التي سبق ذكرها فمثلا أن النتائج التي تترتب على النشاطات التعليمية والتي تؤثر في التكوين الذوقي للأفراد أو تؤثر في طبيعة التعامل الاجتماعي بينهم أو تؤثر في درجة ومجال طموحهم والى آخره هي مظاهر لا يمكن إخضاعها لمعايير اقتصادية ولا يمكن بأية صيغة من الصيغ إخضاعها لتقييم نقدي غير أن هذه المظاهر بدورها سوف تؤثر في فعاليات الأفراد بما فيها

النشاط الاجتماعي والاقتصادي أي أنها مظاهر قابلة بطبيعتها للتقييم النقدي ولكنها تؤثر في النشاطات الإنتاجية والاقتصادية التي يمكن تقديرها نقديا كما أن هذه التأثيرات التي يمكن أن تضع لها قيمة نقدية ليست كل تأثيرات تلك المظاهر بل جزء يسير منها وان معظم التأثيرات الأخرى لهذه المظاهر تأثيرات معنوية ذات طبيعة لا تسمح بتقدير النقدي وهكذا نستطيع أن نقول إن كل ما يقال عن العوائد الاقتصادية ما هي الأجزاء من تلك العوائد بل هي العوائد الاقتصادية المنظورة والتي تسمح بطبيعتها بإمكانية قياسها جزئيا حتى أن هذه العوائد الاقتصادية المنظورة لها خصائص تمنع من التحديد الدقيق لقيمتها نقديا فالتقديرات الاقتصادية النقدية لهذا النوع من العوائد ما هي إلا تقديرات تقريبية وهناك عوائد اقتصادية أخرى لا يمكن تحديدها بسبب التأثيرات غير المباشرة التي تتركها النتائج التي تترتب على النشاطات التعليمية في النشاطات الاقتصادية ويضاف إلى كل ذلك أن الهدف النهائي للنشاطات التعليمية كما هو الحال في النشاطات الاقتصادية تحقيق حالة أفضل من الرضا عن الحياة وعن النفس عند الفرد واغناء حياته المعنوية وتطوير شخصيته وتنميتها من جميع الجوانب وأن هذه النتائج التي تستهدفها النشاطات التعليمية غاية نهائية لها هي أيضا بمثابة عوائد اقتصادية وخاصة إذا علمنا أن الإنسان وتطويره غاية النشاطات الاقتصادية وهذه الغاية الاقتصادية يتم تحقيقها في هذه الحالة من خلال نشاطات وفعاليات تعليمية وتربوية وليست من خلال نشاطات اقتصادية بحتة غير أن هذه الغاية لا تسمح طبيعتها بتحديد عناصرها من الناحية الاقتصادية نظرا لاحتوائها على عدد لا يحصى من التأثيرات التي يتركها النضوج الفكري للإنسان وتكامل شخصيته في النشاطات الاقتصادية وفي مجمل العلاقات الاجتماعية وهكذا نستطيع أن نقول أن ما يقال عن العائد الاقتصادي للتعليم ليس عائدا متمثلا بالنتائج المباشرة للنشاطات التعليمية إذ إن النتائج المباشرة للنشاطات التعليمية التي تقوم بها مؤسسات التعليم والتي تتمثل بالمعارف والخبرات والمهارات هي نتائج لا يمكن تقدير قيمتها نقديا ولا تحتوي في مكوناتها وعناصرها خصائص اقتصادية ولذا من الخطأ اعتبار هذه النتائج المباشرة للنشاطات التعليمية والفكرية لمؤسسات التعليم والبحث العلمي عوائد اقتصادية بل إن العوائد الاقتصادية تتمثل بالتأثيرات التي تتركها تلك النتائج التي تتمثل بمظاهر ذات طبيعة اقتصادية تترتب على بعض تلك النتائج وتبقى هناك نتائج أخرى لا تظهر

تأثيراتها الاقتصادية من خلال مظاهر مباشرة بل تظهر عن طريق تأثير بعض المظاهر الوسطية ولذا فان ما هو معروف عن بعض صيغ المردودات الاقتصادية للتعليم ما هي إلا جزء من هذه المردودات الاقتصادية وتبقى أجزاء أخرى لا يمكن تحديدها لأنها تتداخل مع عناصر معنوية غير قابلة للتقدير النقدي فعلى سبيل المثال لا يمكن عزل قيمة أي اكتشاف عن قيمة العالم الذي توصل إلى ذلك الاكتشاف ثم أن قيمة هذا العالم مسالة لا يمكن إخضاعها لمعايير اقتصادية إذ لا يمكن إخضاع قيمة العالم هذا لتسعيره معينة وكذلك الحال بالنسبة إلى تقدير النتائج الاقتصادية التي تترتب على مهارة القوى العاملة باعتبارها مردودات اقتصادية للتعليم في الوقت الذي تشكل المهارة جزءا من إبداعات وإمكانات اكتسبها الفرد نتيجة لنشاطات منتظمة ومستمرة للتعليم هذه الإبداعات والإمكانات التي أصبحت جزءا من كيان الفرد وشخصيته فالمهارة ما هيَّ إلا ناتج من معطيات ذلك الكيان وتلك الشخصية بما فيها من إمكانات وإبداعات وهذا تبقى قيمة المهارة جزءا من القيمة الحقيقية للإنسان صاحب المهارة وجزءا من قيمة كل الإبداعات والإمكانات الكامنة فيه وبذلك لا يمكن اعتبار النتائج الاقتصادية التي تترتب على تلك المهارة كامل عوائد التعليم الاقتصادية بل لابد من النظر إليها أي النظر إلى النتائج الاقتصادية التي تترتب على مهارة القوى العاملة جزءا من العوائد الاقتصادية للتعليم والجزء الأعظم من تلك العوائد الاقتصادية له تكمن في قيمة الفرد الذي يحمل إبداعات وإمكانات ذات تأثير كبير في تغيير الحقائق التي تحيط به بما فيها الحقائق الاقتصادية أي قيمة تلك الإبداعات التي لا تنضب ولا تقف في كامل حياة الفرد المنتجة وهكذا يظهر أن الجزء الأعظم من العوائد الاقتصادية للتعليم لا يمكن أن يحدد أولا من الناحية الكمية ومن ناحية نوعية التأثيرات التي يمكن إن تصدر من الفرد تجاه مختلف النشاطات الاقتصادية لأن هذه التأثيرات ستظهر كما ظهر لإبداعات فكرية للفرد وهذه الإبداعات لا يمكن التنبؤ بها سلفا وثانيا لا يمكن أن تحدد قيمة نقدية لذلك الجزء من العوائد الاقتصادية للتعليم لعدم ملائمة طبيعة تلك العوائد لمستلزمات التقييم النقدي حيث إن إبداعات الأفراد وتلك الخصائص الشخصية التي تكمن فيهم والناتجة من التعليم لا يمكن أن تخضع لقانون العرض والطلب ولمختلف العوامل التي تتحكم بالأسعار وبحالة السوق فهي قيم نادرة يمتلكها الفرد لذاته وتكمن في كيانه بل هي قيم تختلف كثيرا أو قليلا عن

القيم المماثلة عن الأفراد الآخرين ولذلك من الصعب تحويلها إلى كيان مادي ملموس يمكن إخضاعها للمقارنة وفق مواصفات مادية ملموسة لعدم تطابق وملائمة طبيعة تلك المواصفات المادية الطبيعية المعنوية لتلك القيم ولتلك الإبداعات وهكذا تبقى دائما تلك المحاولات التي تجري من قبل الاقتصاديين لتحويل تلك القيم والإبداعات إلى كيانات مادية قابلة للتقييم النقدي محاولات غير مجدية وان بقاء تلك الجوانب من العوائد الاقتصادية للتعليم غير ممكنة القياس أمر طبيعي ترتبط أساسا بعدم إمكانية و تحديد القيمة الاقتصادية للإنسان نفسه وبالاستناد إلى هذه النظرة سيتم تصنيف أنواع العائد الاقتصادي للتعليم وبذلك يكون تصنيفا لا يحتوي على كل أنواع العائد التعليمي للأسباب التي ذكرت آنفا كما أنه تصنيف يأخذ بخصائص هذا الجزء من العوائد الاقتصادية التي يمكن تحديد معالمها ولذلك يمكن تنويع هذا التصنيف إلى ثلاثة أشكال يأخذ كل شكل خاصية و معينة من خصائص العائد الاقتصادي للتعليم وهي كالآتي:

أ-العائد الاقتصادي للتعليم في ضوء الأغراض التي توجه إليها العائد الاقتصادي للتعليم.

ب- العائد الاقتصادي للتعليم في ضوء طبيعة العائد الاقتصادي للتعليم.

ج-العائد الاقتصادي للتعليم في ضوء الجهة المنتفعة من ذلك العائد.

وسوف نتطرق إلى هذه الأشكال الثلاث من العائد الاقتصادي للتعليم والى طبيعة ما يحويه كل صنف من الأصناف الثلاث.

العائد الاقتصادي لتعليم في ضوء الأغراض التي يوجه إليها العائد تصنيف هنا أنواع العائد في ضوء طبيعة الأغراض التي تحقها المردودات الاقتصادية للتعليم أي بعبارة أخرى في ضوء نوعية الأهداف التي يراد أن تحققها العوائد الاقتصادية للتعليم ويمكننا هنا تمييز النوعين الآتيين من العائد الاقتصادي للتعلم:

1- العائد الاقتصادي للتعليم الذي يفيد أغراض الاستهلاك.

2- العائد الاقتصادي للتعلم الذي يفيد أغراض الاستثمار.

وسنوضح طبيعة كل نوع من هذين النوعين من العائد الاقتصادي بشيء من التفصيل:

### -العائد الاقتصادي للتعليم الذي يفيد أغراض الاستهلاك-

توجه المردودات الاقتصادية للتعليم لأغراض الاستهلاك من خلال المظاهر الآتية:

**أولا: يستخدم الفرد النتائج التي تترتب على التعليم من وعي وثقافة** وتغير في السلوك الأسلوب في التعامل الاجتماعي في الحياة اليومية كجزء من شخصيته في أثناء تعامله مع أفراد المجتمع وفي أثناء نشاطاته الإنسانية إذ تنعكس آثار تلك النتائج بصورة مباشرة على نوعية النشاطات الإنسانية التي يقوم بها الفرد يوجهها في سبيل خلق منافع معنوية تخص جوانب النشاطات التي ذكرت في أعلاه لأجل إشباع حاجة نفسية ومعنوية يحس بها في مجال التعامل أو في مجال النشاط الفكري أو في مجال آخر من مجالات النشاط الإنساني الذي يقومك به الفرد وبذلك تعد النتائج التي تترتب على النشاطات التعليمية والآثار المترتبة عليها قيمة في ذاتها وأن النفقات التي وجهت لتلك النشاطات هي نفقات وجهت لأغراض استهلاكية كأية نفقات أخرى توجه لإشباع الحاجات الآنية للأفراد كالنفقات الخاصة بالطعام أو الكساء أو الصحة وغيرها من النفقات التي يوجهها المجتمع والأفراد لأغراض الاستهلاك.وبذلك تكون النتائج التعليمية والآثار التي تترتب عليها هدفا بذاتها يستهدف الأفراد تحقيقها لقيمة تكمن في تلك النتائج يشعرون بالحاجة إليها وينوون إشباع تلك الحاجة إشباعا مباشرا وبذلك تدخل النتائج التي تترتب على التعليم والآثار المترتبة على تلك النتائج عنصرا من عناصر الاغناء الفكري والذوقي والنفسي للفرد وعلى سبيل المثال يستخدم الرد نتائج تعلمه في مجال تطوير معرفته من خلال اطلاعه على تراث فكري في حقل معرفي معين حيث أن هذا الاطلاع على ذلك الحقل المعرفي هو بمثابة حاجة يشعر بها الفرد وينوي إشباعها وهنا يستخدم الفرد الإمكانيات التي تترتب على نتائج التعليم والتي اكتسبها سابقا من خلال النشاطات التعليمية في خدمة إتباع حاجته وفي مجال

الاطلاع على المعرفة الجديدة أو تطوير معارفه بإضافة معرفة جديدة إليها والشيء نفسه يقال عن شعور الفرد بالحاجة لتطوير الجوانب الذوقية عنده كحاجته لمشاهدة مسرحية معينة أو تطوير إمكانية فنية سبق أن اكتسبها من خلال التعليم وغيرها من الحالات التي يشعر الفرد بالحاجة إليها ويعمل على إشباع تلك الحاجة.

**ثانيا: يستخدم المجتمع النتائج التي تترتب على النشاطات التعليمية** والآثار التي تترتب بدورها على تلك النتائج لتلبية حاجته في مجال التغيير والتحول الاجتماعيين الذين يستهدفهما لأجل الانتقال من حالة حضارية إلى حالة أفضل منها إذ لا يستطع المجتمع الاستغناء عن نتائج التعليم والآثار التي تترتب عليها وتعد تلك النتائج وتلك الآثار من العناصر الحاسمة والقائدة لأي تحول اجتماعي ولأي تغيير في مجال العلاقات الاجتماعية ولأي تغيير في مجال الإنتاج أو في مجال الفكر وهكذا تظهر نتائج التعليم والآثار التي تترتب عليها مرة أخرى نتائج ذات قيمة في ذاتها يستهدف المجتمع تحقيقها لأجل تلبية حاجته في مجال التطور الاجتماعي نفقات تخدم لإشباع الحاجات مباشرة للمجتمع كأية نفقات أخرى يوجهها المجتمع لفرض إشباع الحاجات الآتية كالنفقات التي توجه للخدمات الصحية أو للضمان الاجتماعي أو لأغراض السياحة والفن والرياضة وغيرها من المجالات ذات الصفة الاستهلاكية إن الحالات التي ذكرت أنفا والتي استخدمت فيها النتائج التي ترتبت على النشاطات التعليمية في مجال إشباع الحاجات الثقافية والروحية الآنية للمجتمع هي حالات تعكس عن مردودات اقتصادية مباشرة للتعليم إذ لا يمكن عدم اعتبار إشباع تلك الحاجات عملا غير اقتصادي لاعتبارات عديدة منها أن النتائج التي ترتبت على النشاطات التعليمية نتائج تم التوصل إليها من خلال توجيه نفقات لتغطية تلك النشاطات فهي من هذا الجانب عوائد اقتصادية لتلك النفقات ولا تختلف عن أية نفقات أخرى توجه لإنتاج سلع استهلاكية ثم إن النتائج التي تترتب على النفقات التعليمية بغض النظر عن الأغراض التي توجه إليها تلك النتائج فهي نتائج اقتصادية اضافية إلى ذلك أنه من الخطأ معارضة السمة الثقافية العامة للنتائج التعليمية في حالة استخدمها لأغراض الاستهلاك بالأغراض الاقتصادية أي بعبارة أخرى من الخطأ اعتبار هذه النتائج نتائج غير اقتصادية من خلال معارضة الأهداف الثقافية العامة لهذا النوع من النتائج

بالأهداف الاقتصادية والخطأ يكون ناتجا أساسا من معارضة مفهوم الثقافة بمفهوم الاقتصاد ووضعهما على طرفين متناقضين في حين أن هناك ترابطا عضويا بين العناصر التي تكون مفهومي الثقافة والاقتصاد وفي صدد عدم وجود تناقض بين مفهومي الثقافة والاقتصاد يقول ثيدور شولتز "لايبدو هذا التناقض إذ أخذ بالمفهوم الشامل للثقافة وهو المفهوم الذي لا يفصل النشاط الاستهلاكي عن النشاط الإنتاجي الذي يهتم به التحليل الاقتصادي ويركز عليه فطريقة الناس في كسب معيشتهم تعد بصفة عامة جزءا لا يتجزأ من ثقافة مجتمعهم ثم أنه إذا كانت الثقافة تعني في معناها الحرفي في اللغة ألاتينية الفلاحة أو الزراعة وإنتاج المحاصيل فان ما يعنينا هنا هو أن طريقة الناس في كسب معيشتهم والاقتصاد الذي يخدمهم في هذا السبيل يعدان جوانب هامة وأساسية من ثقافتهم " وهكذا فان النتائج الثقافية العامة التي تستهدفها تلك النتائج التعليمية هي بحد ذاتها نتائج اقتصادية وذلك لاحتواء مفهوم الثقافة لمختلف أنواع النشاط الاقتصادي للإنسان سواء أكانت نشاطات إنتاجية أم نشاطات استهلاكية هناك مسألة أخرى تخص طبيعة الاستهلاك للنتائج التي تترتب على التعليم لا بدمن تسليط الضوء عليها إلا وهي إن هذه النتائج في الوقت الذي تخدم أغراض الاستهلاك وإشباع الحاجات الآنية للأفراد تترك أثرا بعد استهلاكها هذا الأثر الذي لا يزول بل يبقى فاعلا مؤثرا في المكونات الشخصية للفرد بما فيها الإمكانات الإنتاجية والنشاط الايجابي في مجال الاقتصاد وهكذا فان النتائج التعليمية تفيد الاستهلاك في هذه الحالة ولكن لها طبيعة خاصة تختلف عن مختلف السلع والخدمات الاستهلاكية الأخرى هذه الطبيعة التي تظهر في فاعليتها على المدى البعيد وإمكانية تحويلها إلى قوة مؤثرة في النشاطات الاقتصادية مستقبلا وذلك بتحولها إلى خبرة ذات تأثير ايجابي في أي نشاط اقتصادي سواء في مجال الإنتاج أم في مجال الاستهلاك وبذلك تحمل هذه النتائج إضافة إلى الخصائص التي تفيد إشباع الحاجات الآنية للأفراد والمجتمع خصائص أخرى تفيد خلق منافع إضافية في المستقبل هذه المنافع التي تظهر من خلال النشاط الاقتصادي للفرد سواء أكان نشاط يخص الاستهلاك أم نشاط يخص زيادة مكاسبه وحول هذه الخاصية لطبيعة النتائج التعليمية يقول شولتز أيضا " يكون العنصر الاستهلاكي في التعليم من جزأين الأول تعليم يخدم الاستهلاك في الحاضر والثاني

تعليم يهدف إلى خدمة استهلاك في المستقبل وحينما يكون التعليم استهلاكا فان قيمته تكمن في النواحي الخلقية والجمالية وغير ذلك من مصادر الإشباع النفسي ثم أنه بقدر ما يكون (سلعة) استهلاكية فان يصبح عنصرا مستمرا بل أكثر استمرارا من كثير من الحاجات الاستهلاكية المستديمة فان اعتباره عنصرا استهلاكيا مستمرا يعني أنه سيكون مصدر إشباع ورضا يساعد الفرد على زيادة الدخل الحقيقي في المستقبل.

## -العائد الاقتصادي للتعليم الذي يفيد أغراض الاستثمار.-

تترتب على نتائج النشاطات التعليمية منافع اقتصادية في مجال الإنتاج إذ تسهم تلك النتائج في عمليات إنتاجية سواء في مجال الإنتاج المادي أم في مجال الخدمات في سبيل خلق منافع جديدة ويعد هذا الجزء من النتائج التعليمية الذي يخدم أغراض إنتاجية في المستقبل وتحقيق أرباح نتيجة استخدامه في عمليات الإنتاج عائدا اقتصاديا يفيد أغراض الاستثمار وقد بينا سابقا أن النتائج التعليمية من معارف ومهارات وخبرات عائدات اقتصادية وبذلك يمكن أن يقال إن هذه العائدات تستخدم لأغراض إنتاجية ولتحقيق مزيد من الأرباح مستقبلا وتسهم النتائج التعليمية والآثار التي تترتب عليها في عمليات الإنتاج من خلال المظاهر الآتية :

**أولا :** تؤثر نتائج التعليم في عمليات الإنتاج من خلال إسهام مهارة القوى العاملة في عملية الإنتاج وتعد نشاطات مؤسسات التعليم في مجال إعداد الكوادر المهنية لمختلف مستويات المهارة نشاطا إنتاجيا لقيامها بإنتاج إن صح التعبير وسيلة إنتاجية لا يمكن الاستغناء عن دورها في عمليات الإنتاج وهي مهارة القوى العاملة وهي الوسيلة التي يزداد دورها مع أي تقدم يحصل في مجال التكنيك وتصبح وسيلة رئيسية في عملية الإنتاج وزيادتها وقد بينا فيما سبق عن الدور الذي يلعبه عنصر المهارة في عمليات الإنتاج ووضحنا أنها تسهم إسهاما كبيرا في زيادة الإنتاج وليس هناك أي تشكيك في دور هذا العنصر في أية عملية استثمارية غير أننا نود أن نتطرق هنا إلى خاصية للمهارة لم نتطرق لها سابقا وهي أن المهارة تتصف بإنتاجية مستدامة وهي بمثابة وسيلة إنتاجية لا تتعرض للاندثار الطبيعي كما يحصل في

وسائل الإنتاج المادية كالآلات والمعدات بل على العكس من أن المهارة تعتني وتطور خلال استخدامها واحتكاكها باستمرار بوسائل وأساليب جديدة في مجال الإنتاج والخدمات وبهذا نؤكد أنها وسيلة إنتاجية أكثر ربحا من أية وسيلة أخرى إذ تحتوي على إمكانية استثمارية مستدامة وذات مردودات اقتصادية متزايدة بمرور الزمن على العكس من أدوات الإنتاج المادية التي تتناقص طاقتها الإنتاجية مع مرور الزمن ومع كثرة الاستخدام كما أنها قابلة للاستخدام في مجالات متعددة ضمن مجموعة مشتركة من المهن ويمكن تطويرها وتكيفها باستمرار وهي خاصية غير متوافرة في وسائل الإنتاج الأخرى المستخدمة فعلا في عمليات الإنتاج ولذلك كله ليس في القول مبالغة حول ما يتم التأكيد عليه في كون الأموال التي تنفق في مجال التعليم نفقات استثمارية وأكثر ربحية من العديد من الاستثمارات المادية فهذه النفقات التي توجه لإعداد مهارات لمختلف النشاط الاقتصادي هي نفقات ذات مردودات اقتصادية عالية مستدامة طول حياة الفرد الإنتاجية.

**ثانيا: تستخدم نتائج التعليم لأغراض الاستثمار** من خلال إسهام معطيات التقدم العلمي والتكنيكي في زيادة الإنتاج وفي تطوير العمليات الإنتاجية وقد سبق أن وضحنا الأدوار الحاسمة لعامل التقدم العلمي والتكنيكي في التأثير في وسائل الإنتاج وأساليب الإنتاج وما يترتب على ذلك من تغييرات في حجم الإنتاج ونوعيته فتصبح المعطيات العلمية والتكنيكية بحد ذاتها عاملا استثماريا ذو تأثير كبير في النتائج الاقتصادية في المردودات الاقتصادية التي تترتب على استخدام معطيات التقدم العلمي والتكنيكي في عمليات الإنتاج والتنظيم والإدارة وأن دور الاختراعات والاكتشافات الجديدة في مجال تطوير أساليب الإنتاج وفي مجال استخدامات الإنتاج أو في مجال التنظيم والإدارة دور يفوق في كثير من الأحيان دور العوامل الأخرى التي تدخل في العملية الإنتاجية كما أن لنشاط وإبداع المتخصصين والكوادر العلمية في حل مشاكل الإنتاج اثر في حجم الإنتاج وزيادته من خلال إزالة العوائق التي تحد من سريان عمليات الإنتاج أو التي تحد من طاقة القوى العاملة وأدوات الإنتاج التكنيكية.

**ثالثا: يستخدم الأفراد النتائج التي تترتب على تعليمهم** من مهارة وتأهيل للحصول على مورد مالي طول حياتهم الإنتاجية وبذلك تصبح النتائج التعليمية عنصرا استثماريا يمكن الفرد تحقيق مكاسب مالية في المستقبل ويؤثر مستوى التعليم في حجم تلك المكاسب وفي حجم الدخل الحقيقي الذي يمكن أن يحصل عليه الفرد في المستقبل والفارق بين المدخولات التي يحصل عليها الأفراد استنادا إلى مستوياتهم التعليمية يفسر درجة استثمارية النتائج التي تترتب المكتسبة من قبل الفرد أكثر كمية وأعمق من حيث المحتوى وأكثر تخصصا ازدادت إنتاجية تلك النتائج وتصبح أكثر قدرة على تحقيق مكاسب مالية أفضل في المستقبل ولكن ينبغي أن لا نتجاهل تأثير العوامل الأخرى في حجم المكاسب التي يحققها الأفراد إذ أن هناك عوامل متعددة أخرى تؤثر في مدخولات الأفراد بغض النظر عن مستوياتهم التعليمية كالمركز الاجتماعي والاقتصادي الذين يحتلهما الفرد أو عائلته.

**رابعا: لقد بينا أن نتائج التعليم عندما توجه** لغرض إشباع الحاجات الآنية للأفراد سوف تترك أثرا في الفرد وفي نشاطه الاقتصادي حاضرا ومستقبلا إذ تسهم تلك النتائج في نضوجه الفكري وفي إمكاناته في مجال السيطرة على الحقائق التي تحيط به بما فيها النشاطات الإنتاجية والنشاطات الاستهلاكية فيكون الفرد أكثر وعيا وإدراكا لمسؤولياته نحو العمل والإنتاج كما يكون أكثر إدراكا في مجال التحكم بالاستهلاك وترشيده وفي مجال الادخار ويصبح سلوك الأفراد في المجالات التي ذكرناها بمثابة عامل من عوامل خلق منافع اقتصادية للفرد والمجتمع في الحاضر في المستقبل إذ يؤدي توافر عنصر الوعي والإدراك وهما نتيجتان مباشرتان من نتائج التعليم إلى فاعلية القوى العاملة وتفاعلها مع العناصر المكونة للعملية الإنتاجية وتظهر آثار هذين العنصرين في كل نشاط يقوم به العاملون سواءا في مجال علاقاتهم بوسائل الإنتاج أم في تأثيرهم الايجابي في ظروف العمل وفي مجال صياغة الحلول المناسبة للمشاكل التكنيكية والتنظيمية والاجتماعية التي تجابههم في حياتهم الإنتاجية وبذلك يصبح عنصرا الوعي وإدراك القوى العاملة عاملا من عوامل خلق منافع جديدة التي تتمثل بزيادة حجم المنتوج وتحسين نوعيته والشيء نفسه يقال عن دور الوعي والإدراك في توجيه الأفراد في مجال تنظيم وتحسين النشاط

الاستهلاكي وفي توجيه الأفراد نحو ادخار جزء من مواردهم وموارد المجتمع وتوظيف تلك الموارد في عمليات إنتاجية جديدة أو توجيهها في سبيل خلق مكاسب ومنافع جديدة في المستقبل وهكذا تظهر نتائج التعليم في الحالات التي ذكرناها أداة لخلق منافع جديدة وتستخدم تلك النتائج بصورة مباشرة وغير مباشرة في عمليات الإنتاج.

## -العائد الاقتصادي للتعلم في ضوء طبيعة العائد-

يمكن تصنيف نوعين من العوائد الاقتصادية للتعليم حسب طبيعة العائد الاقتصادي لتعليم وهما:-

* العوائد المادية لتعليم

* العوائد الاقتصادية التي تتمثل بتغييرات في الإنسان وفي العلاقات الاجتماعية.

* وسنوضح طبيعة هذين النوعين من العوائد الاقتصادية للتعليم.

## -العوائد المادية للتعلم-

لقد سبق أن وضحنا أن هناك مردودات مادية تترتب على النتائج التي تحصل من التعليم إذ تسهم النتائج التي تترتب على التعليم في عمليات الإنتاج وتترتب على ذلك خلق منافع اقتصادية ونموا في الدخل القومي ومدخولات الأفراد وتسهم تلك النتائج في تنشيط الفعاليات الاقتصادية من خلال تطور عمليات الإنتاج والتأثير في أساليب الإنتاج وفي ظروف العمل وفي مختلف الفعاليات الإنتاجية والاستهلاكية للأفراد وللمجتمع وبذلك تترتب تغييرات اقتصادية ملموسة على ما يحصل عليها المجتمع والأفراد من نتائج تعليمية إذ تؤثر هذه النتائج في البنية الاقتصادية للمجتمع ما تؤثر في المستوى المعيشي للأفراد وأن هذه النتائج الاقتصادية سواء على صعيد الدخل القومي والاقتصاد الوطني أم على صعيد المستوى المعيشي للأفراد وفعالياتهم الإنتاجية والاستهلاكية وفعاليتهم في مجال التنظيم والإدارة قابلة للقياس والتقدير ويمكن تحديد العناصر التي تؤثر في تلك النتائج بصورة محددة وهكذا تعد هذه المردودات من حيث إمكانية قياسها رغم كل الملاحظات التي توجه لأساليب القياس

ومن حيث تقدير النتائج الاقتصادية التي تترتب عليها بصورة أكثر ملموسية نتائج اقتصادية مادية للتعليم.

**-العوائد الاقتصادية التي تتمثل بتغييرات في الإنسان وفي العلاقات الاجتماعية-**

لقد سبق لنا أن ذكرنا أن الغاية الرئيسة للنشاطات الاقتصادية غاية إنسانية تتمثل بمنفعة الإنسان وإشباع حاجاته المعنوية وتغيير الظروف المادية التي تمكنه من تطوير حياته الفكرية والجمالية واغناء إنسانيته سواء أكان من الناحية المعيشية وما يرتبط بها من تغييرات في أساليب الحياة المعنوية للفرد كتنمية معارفه حول مختلف الحقائق الطبيعية والاجتماعية التي تحيط به وكذلك تنمية الجوانب الذوقية والخلقية والجسمية عنده وتنمية المقومات المعرفية والاجتماعية والشعورية التي تمكنه من تطوير أساليب التعامل الاجتماعي وتجعل منه أكثر فاعلية في حياته الاجتماعية وأكثر قدرة في الإسهام في عمليات التغيير الاجتماعي والفكري والاقتصادي التي يعيشها مجتمعه إن الغايات التي ذكرناها في مجال تطوير الحياة المادية والمعنوية للفرد غايات كل النشاطات الإنسانية بما فيها النشاطات التربوية والاقتصادية وتوظف في سبيل تحقيقها جهود إنسانية ونفقات مادية كبيرة وان أي تقدم في هذا المجال هو بمثابة نتاج لتلك الجهود بما فيها النشاط الاقتصادي للأفراد والمجتمع وكذلك نتاج لتلك الموارد المالية التي خصصت في سبيل تحقيقها وهكذا تعد كل التغييرات التي تحصل في حياة الفرد المعنوية من اغناء في معارفه وخبراته وتطوير لحياته الخلقية والذوقية والجسمية والاجتماعية بما فيها نظرة الفرد للحياة وللحقائق التي تحيط به وسلوكه تجاه نفسه وتجاه الحقائق الاجتماعية والطبيعية التي تحيط به هي بمثابة عوائد لتلك الجهود ونتائج لتلك النفقات التي وجهت في سبيل تحقيق تلك الغايات في مجال تغيير الإنسان وهكذا تعد تلك التغييرات التي تحصل على الحياة المعنوية للفرد غايات اقتصادية ونتائج اقتصادية تظهر بصفة تغييرات معنوية في الإنسان لتلك النشاطات الاقتصادية والنفقات المالية التي وجهت لتحقيقها إضافة إلى ذلك فهي نتائج اقتصادية لما تتركه تلك التغييرات في الإنسان وفي المجتمع وما تترتب عليها من تغييرات في العلاقات الاجتماعية من آثار على النشاطات الاقتصادية حيث نعلم أن نمط الحياة المعيشية

للأفراد والمجتمع ونمط العلاقات الاجتماعية تترك آثارا على أساليب الإنتاج وان تلك الأساليب الإنتاجية ما هي إلا صيغة من صيغ العلاقات الاجتماعية وجزء لا ينفصل من أساليب التفكير للفرد والمجتمع في تلك المرحلة التاريخية لتطور العلاقات الاجتماعية وهكذا تصبح تلك التغييرات جزءا من الظروف التي تحيط بالعمل والنشاط الاقتصادي فهي ظروف للإنتاج ولا يمكن عزل تأثيراتها في كل عناصر العملية الإنتاجية بما فيها نوعية النشاطات الإنسانية في مجال الإنتاج التي تتمثل بنوعية العمل الإنتاجي ونوعية النشاط في مجال تنظيم وإدارة الإنتاج أو النشاط في مجال تطوير أساليب الإنتاج وأدواته وبذلك تظهر الأثر الفعال لهذه الظروف في كل العناصر الحاسمة في عملية الإنتاج والتي يترتب عليها حجم الإنتاج ونوعيته.

لقد أغفل هذا الجانب من العوائد الاقتصادية للتعليم الاقتصاديون والدارسون للموضوعات الاقتصادية في التعليم ومن حاول التطرق إليه لم يكن تطرقه إلا تلميحا عارضا ولم يعط له وزنا بين أشكال الـمردودات الاقتصادية للتعليم وكان لذلك الإهمال أسباب متعددة منها إن تلك النتائج هي نتائج تظهر بصيغ تغييرات نوعية غير مادية في حين أن الاقتصاديين والدارسين كانوا يحاولون الكشف عن نتائج اقتصادية ملموسة غير قابلة للقياس الاقتصادي في حين أن كل المعالجات التي أجريت في مجال عائدات التعليم الاقتصادية كانت تحاول قياس تلك المردودات الاقتصادية إحصائيا وبقيم محددة ودقيقة وأخيرا أيضا نتائج لنشاطات ذات طبيعة غير اقتصادية كالتغيرات التي تترتب على التعلم الذاتي للأفراد أو على النشاطات الذاتية في تطوير مواهب وإبداعات الأفراد في أي مجال من مجالات النشاط الإنساني وهكذا تختلط نتائج النشاطات الاقتصادية بنتائج نشاطات غير اقتصادية ويجعل من مسألة تحديد حجم التغيرات الناتجة عن نشاطات اقتصادية أمرا غير ممكن في الواقع التطبيقي إن هذه الصعوبات في مجال تحديد هذا النوع من العائدات الاقتصادية للتعليم هي التي دفعت الكثير من الدارسين في العدول عن التطرق لهذا النوع من العائدات الاقتصادية بل وفي عدم تأكيدهم على هذا النوع من المردودات كمردودات اقتصادية مخافة عدم إمكانية تفسير هذا النوع من العائدات وفق المفاهيم الاقتصادية التي تفترض أن يكون العائد الاقتصادي عائدا ماديا ملموسا يمكن تحديده وقياسه إن تجاهل هذا النوع من

العائدات الاقتصادية هو تفريط بأهم جزء من المردودات الاقتصادية للتعليم هذا الجزء وان كان ذو طبيعة خاصة غير قابلة للقياس وغير متفقة مع المفاهيم الاقتصادية السائدة في علم الاقتصاد التي تخص اعتبار العائدات المادية الملموسة والقابلة للقياس هي فقط عائدات اقتصادية للنشاطات الاقتصادية الذي يتمثل بتغييرات في الإنسان وفي المجتمع هو المردود الاقتصادي الحقيقي للنشاطات التعليمية وللموارد المالية التي تنفق على التعليم أن طبيعة هذا النوع من المردودات في كونها مردودات معنوية غير ملموسة وغير قابلة للقياس لا تلغي كونها مردودات اقتصادية وبالعكس تتفق هذه الطبيعة لهذا النوع من المردودات مع طبيعة الغايات النهائية لكل النشاطات الاقتصادية التي تتمثل باغناء حياة الفرد وعلى الأخص تلك الجوانب التي تخص تطوير الجوانب المعنوية لحياة الإنسان.

**-العائد الاقتصادي للتعليم في ضوء الجهة المنتفعة منه-**

يمكننا تمييز نوعين من العائد الاقتصادي للتعليم استنادا إلى الجهة المنتفعة من ذلك العائد الاقتصادي وهما:

- عائد اقتصادي فردي.
- عائد اقتصادي ينتفع منه المجتمع.

ونحاول إيضاح مفهوم كل من هذين النوعين من العائد الاقتصادي للتعليم

**-العائد الاقتصادي الفردي للتعليم-**

إن هذا النوع من العائد الاقتصادي للتعليم ذلك الجزء من المردودات الاقتصادية الذي ينتفع منه الأفراد مباشرة ويميز هنا الأنواع السابقة التي ذكرناها في مجال تصنيف المردودات الاقتصادية للتعليم ويعني إن هناك مردودات اقتصادية تترتب على التعليم ينتفع منها الأفراد التي تفيد خلق منافع اقتصادية واستهلاكية و في المستقبل والتي تسمى بالمردودات الاقتصادية التي تفيد أغراض الاستثمار ويتمثل هذا النوع من العائد بالمردودات الاقتصادية التي يحصل عليها الأفراد بصيغة مدخولات ومكاسب مادية نتيجة مهاراتهم وخبراتهم ومعارفهم التي يستخدمونها في مجال الإنتاج

والخدمات والنشاطات الاقتصادية والاجتماعية والثقافية أو التي تتمثل بمعارف وخبرات تفيد إشباع حاجات الفرد المباشرة في المستقبل يضاف إلى المردودات الاقتصادية التي تفيد أغراض الاستثمار هناك مردودات اقتصادية تفيد أغراض إشباع الحاجة الآنية للفرد أي إن الأفراد يحصلون على مكاسب من التعليم تفيد إشباع حاجاتهم اليومية المباشرة كالاستفادة المباشرة من نتائج التعليم في اغناء الجوانب الذوقية والفكرية والجسمية للفرد وفي الاستفادة من تلك النتائج من أجل تطوير واغناء نظرة الفرد للحقائق التي تحيط به.

وقد سبق أن بينا إن المردودات الاقتصادية تظهر بصيغ مردودات مادية ومردودات معنوية وان هذا التصنيف للمردودات الاقتصادية يمكن أن تنسب للأفراد كأن نقول مردودات اقتصادية تتمثل بالتغييرات التي تحصل في الإنسان أو المردودات مادية ملموسة يستفيد منها الأفراد كما سبق الكلام عنه قبل حين وهكذا يمكننا أن نقول إن الأشكال السابقة لتصنيف العوائد الاقتصادية للتعليم تظهر على شكل منافع للأفراد ويصح التعبير عنها بأنها مكاسب اقتصادية للفرد ونحصل عليها نتيجة مهاراته وخبراته ومعارفه التي اكتسبها نتيجة للنشاطات التعليمية وهذه المكاسب التي يحصل عليها الفرد بصيغ مادية وبصيغ معنوية .

-العائد الاقتصادي الذي ينتفع منه المجتمع-

ويعد هذا النوع من العائد الاقتصادي للتعليم جزءا من العوائد الاقتصادية بجميع أنواعها والتي تفيد أغراض الاستثمار أو أغراض الاستهلاك وكذلك المنافع الاقتصادية التي تظهر بصيغ مادية أو بصيغ معنوية الذي ينتفع منه المجتمع لأغراض التنمية الاقتصادية والاجتماعية ينبغي هنا أن نلاحظ الترابط الموجود بين هذا الجزء من العوائد الاقتصادية التي تفيد زيادة الدخل القومي وتفيد أغراض التنمية الاقتصادية والاجتماعية على الصعيد القومي وبين المردودات الاقتصادية للتعليم التي تفيد زيادة مداخيل الأفراد وتحسين حياتهم المعاشية والثقافية وليس هناك تعارض بين كلا الصنفين ففي الوقت الذي يخدم التعليم أغراض المجتمع يخدم أغراض الأفراد أيضا غير أن هذا الترابط لايلغي أوجه التمييز بين كلا الصنفين من حيث سعة

الأغراض التي يحققها كل نوع من هذين النوعين من المردودات الاقتصادية للتعليم ففي الوقت الذي لا تتعدى أغراض المردودات الاقتصادية الفردية تحقيق مكاسب مادية ومعنوية للفرد تتجاوز أغراض العوائد اقتصادية للتعليم على صعيد المجتمع تلك الحدود وتستهدف تحقيق نمو في المستوى الاقتصادي وتغيير في البنية الاقتصادية وكذلك أحداث تغييرات ايجابية في بنية العلاقات الاجتماعية والثقافية على صعيد المجتمع كله.

لقد سبق وأن بينا وجود محاولات أجريت في نهاية اقرن التاسع عشر وخلال القرن العشرين في سبيل تحديد المردودات الاقتصادية التي تترتب على النشاطات التعليمية ووضحنا أيضا دور تلك المحاولات في تطوير الدراسات التي تتعلق باقتصاديات التعليم وما تمخضت عن تلك المحاولات من أساليب ونماذج لقياس العوائد الاقتصادية للتعليم ومما يلاحظ أيضا من خلال ما تحقق في هذا المجال إن درجة التطور في الدراسات الاقتصادية اعتمدت من الناحية النظرية والتطبيقية على درجة دقة أساليب ونماذج القياس في المعالجات الاقتصادية في التعليم وخاصة دقة أساليب ونماذج قياس المردودات الاقتصادية للتعليم واعتمدت درجة دقة تلك الأساليب والنماذج في القياسات الاقتصادية في التعليم بدورها على مجموعة من العوامل منها درجة التطور في مجال الإحصاء والقياسات الاقتصادية ودرجة تطور المعارف النظرية والتطبيقية في كل من العلوم التربوية والاقتصادية فلا غرابة إذن أن تظهر الدراسات الاقتصادية في التعليم وتتبلور ضمن حقل معرفي مستقل قائم بذاته في هذا القرن يدعى اقتصاديات التعليم لقد شهد هذا القرن نموا كبيرا وسريعا في جميع حقول المعرفة وفي أساليب وأدوات البحث العلمي وخاصة النمو في الحقول المعرفية التي تخص العلوم التربوية والاقتصادية والإحصائية إذ انفصلت العلوم التربوية عن العلوم الأخرى وخاصة الفلسفة وعلم الاجتماع وعلم النفس كما تراكمت معارف كبيرة في مجال العلوم الاقتصادية نتيجة للمعطيات النظرية والتطبيقية التي ترتبت على النشاطات الاقتصادية في هذا القرن وأصبح الإحصاء أساسا لأية نشاط اقتصادي أو تربوي وكما هو الحال أيضا في المجالات الأخرى وتطورت أساليبه وتراكمت معارف وخبرات غنية استخدام تلك الأساليب والأدوات الإحصائية في كل مجالات النشاط

العلمي والمعرفي للإنسان وبذلك أصبحت درجة النمو في القياسات الاقتصادية ومعها قياسات العائد الاقتصادي للتعليم مشروطة بدرجة التقدم في العلوم التربوية والاقتصادية والإحصائية ولما كانت درجة ووتيرة النمو في العلوم الاقتصادية والإحصائية خلال القرن العشرين هي أعلى وأسرع نسبا من درجة ووتيرة النمو في العلوم التربوية وذلك لحداثة العوم التربوية وعدم امتلاكها لتراكم من المعارف والخبرات النظرية والتطبيقية يوازي التراكم المعرفي والتطبيقي في مجال العلوم الاقتصادية والرياضية التي استقلت عن العلوم الأخرى وامتلكت مناهج بحث خاصة بها منذ زمن يبعد كثيرا عن الزمن الذي استقلت فيه العلوم التربوية عن العلوم الأخرى لذلك تغلبت الطبيعة الاقتصادية على هذه الدراسات وتركت هذه الظاهرة آثارا واضحة في أساليب القياس الاقتصادي في التعليم وخاصة أساليب قياس العائد الاقتصادي للتعليم إذ اشتقت تلك الأساليب والنماذج عن أساليب قياس النمو الاقتصادي وفي حالات كثيرة تقاس العائدات الاقتصادية للتعليم أساسا ضمن أساليب النمو الاقتصادي أي أن النماذج هي نماذج لقياس النمو الاقتصادي غير أن تحليل تلك النماذج وتفسير عناصر النمو الاقتصادي هو الذي يجعل من تلك النماذج نموذجا يمكن استخدامه لأغراض حسابات العائد الاقتصادي في التعليم لذلك تباينت أساليب قياس المردودات الاقتصادية للتعليم وتباينت تقديرات تلك الأساليب في مجال تحديد حجم العائد نتيجة لتباين المنطلقات النظرية الاقتصادية التي تحدد عوامل الإنتاج وعناصر النمو الاقتصادي إذ هناك نظريات اقتصادية تعطي العامل من عوامل الإنتاج دورا اكبر من العوامل الأخرى أو تعطي أدوارا متساوية لكل العوامل أو ترى عوامل للنمو الاقتصادي هي غير العوامل التي تحددها نظريات أخرى ولذلك نرى أساليب متنوعة في قياس العائد الاقتصادي للتعليم ولذا نحاول إعطاء صورة مكثفة للأساليب الأكثر استخداما في مجال حسابات العائد الاقتصادي في التعليم ويمكننا تصنيف هذه الأساليب استنادا لطبيعة كل أسلوب من هذه الأساليب إلى ما يأتي:

- الأسلوب الذي يعتمد في حساب العائد الاقتصادي للتعليم على عنصر المهارة.

- الأسلوب الذي يعتمد في حساب العائد الاقتصادي للتعليم على عنصر التقدم العلمي والتكنيكي.

- الأسلوب الذي يعتمد في حساب العائد الاقتصادي للتعليم على عنصري الادخار وترشيد الاستهلاك.

- أسلوب قياس العائد الاقتصادي الفردي للتعليم.

وهنا لا بد من التأكيد على أن الأساليب الثلاثة تستخدم في قياس العائد الاقتصادي للتعليم على الصعيد الاقتصادي القومي ولذلك الفرد هنا أسلوب قياس العائد الاقتصادي الفردي كأسلوب مستقل عن أساليب قياس العائد الاقتصادي للتعليم على الصعيد القومي وسنوضح فيما يأتي خصائص كل أسلوب من الأساليب التي ذكرت آنفا والنماذج التي تستخدمها تلك الأساليب في قياس العائد الاقتصادي للتعليم.

# الفصل الثالث

# أساليب قياس

# العائد الاقتصادي للتعليم

**المحتويات**

- أسلوب حساب العائد الاقتصادي للتعليم استنادا إلى عنصر المهارة.

- أسلوب قياس العائد الفردي للتعليم.

# الفصل الثالث
## أساليب قياس
## العائد الاقتصادي للتعليم

**قياس العائد الاقتصادي للتعليم من خلال تأثير عنصر المهارة**

يعد هذا الأسلوب من أهم أساليب قياس العائد الاقتصادي للتعليم رغم تباين النظريات الاقتصادية التي تحدد دور المهارة في عملية الإنتاج ورغم تباين النماذج التي تستخدم لهذا الغرض إن هذا الأسلوب يستخدم في الأصل لقياس النمو الاقتصادي ويحاول تحديد دور كل عامل من عوامل الإنتاج في العملية الإنتاجية وفي زيادة الإنتاج ويعتمد تحديد دور كل عامل من تلك العوامل على الأساس النظري الذي تنطلق منه النماذج المستخدمة في قياس النمو الاقتصادي فهناك نماذج تأخذ بعنصر العمل كعامل حاسم في عملية الإنتاج وزيادته وهناك نماذج أخرى تعطي أدوارا متساوية لناصر العمل ورأس المال المادي والتقدم العلمي والتكنيكي والشيء المهم في هذه النماذج كلها هو إقرارها على أن عنصر المهارة من احد عوامل الإنتاج وزيادته ومن هنا يأتي تبرير إدراج هذه النماذج كلها رغم التباين الكبير للمنطلقات النظرية والفلسفية التي تعتمدها ضمن نوع واحد من أساليب القياس ولما كانت مهارة القوى العاملة هي ناتج من نتائج تعلمهم وبالشكل من أشكال المعرفة الإنسانية في مجال النشاط الإنتاجي لذلك تعد النتائج المترتبة على المهارة هي نتائج مترتبة على التعليم ومن هنا تأتي أهمية هذه النماذج بالنسبة للمهتمين بالدراسات الاقتصادية في التعليم إذ أنهم يؤولون النتائج الاقتصادية التي تترتب على المهارة في معرض قياسهم لدور عوامل النمو الاقتصادي أو عوامل النمو في الإنتاج إلى التعليم وبذلك يعدون تلك النتائج كنتائج اقتصادية تترتب على التعليم

وعلى نشاطات المؤسسات التعليمية. تنطلق معظم النماذج التي تدرج ضمن هذا الصنف من أساليب قياس النمو الاقتصادي ومن ثم قياس العائد الاقتصادي للتعليم من قياس "ديناميكية الدخل القومي" أو مقياس" ديناميكية صافي الإنتاج الإجمالي" وهناك نماذج تأخذ أيضا بهذا المقياس غير أنها تحاول تكيفه لأغراض قياس إنتاجية عوامل الإنتاج ضمن إطار مؤسسة إنتاجية واحدة أو ضمن إطار مجموعة من المؤسسات الإنتاجية ويفترض هذين المقياسين على أن كل من الدخل القومي أو صافي الإنتاج الإجمالي يأتي كنتيجة لدور عوامل الإنتاج وبالصيغة الآتية:-

D = f (X, y ,z…n)

P = f (X , y ,z…n)

## حيث أن :

D: حجم الدخل القومي.

P: حجم صافي الإنتاج الإجمالي.

F: الوظيفة الإنتاجية.

X, y ,z: تعني العوامل والظروف المؤثرة في الإنتاج.

وبذلك فان أية زيادة أو تغيير في حجم الدخل القومي أو صافي الإنتاج الإجمالي يأتيان بسبب دور التغيرات التي تحصل في حجم عوامل وظروف الإنتاج يأتي:

ΔD=f(Δx ,Δy , Δz…Δn)

و

Δp=f(Δx ,Δy ,Δz…Δn)

حيث أن:

ΔD = يعني التي تحصل في حجم الدخل القومي في فترات زمنية محددة

ΔP = يعني التغييرات التي تحصل في حجم صافي الإنتاج الجمالي في فترات زمنية محددة.

$\Delta z$, $\Delta y$, $\Delta X$ = تعني تغييرات في حجم العوامل والظروف التي تؤثر في الإنتاج في فترات زمنية محددة.

إن المهمة الأساسية التي تواجه هذا الأسلوب هي تحديد وظيفة إنتاجية لكل عامل من عوامل الإنتاج أو عوامل النمو في الداخل القومي وزيادته وتحديد هذه الوظيفة تستلزم تحديد لدور كل العوامل المؤدية إلى النتائج النهائية التي تترتب على تلك الأدوار والمتمثلة بالتغييرات التي تحصل في الدخل القومي أو صافي الإنتاج الإجمالي أو في إنتاج مؤسسة ما أو مجموعة من المؤسسات فهناك من يعتمد على عامل أساسي من عوامل الإنتاج معتبرا في الوقت نفسه العوامل الأخرى بمثابة ظروف ضرورية من اجل أن يؤدي ذلك العامل الرئيسي دوره في عملية الإنتاج وهناك من يحاول أن يعطي لكل عامل من عوامل الإنتاج دورا واعتباره عاملا مستقلا من عوامل الإنتاج وقد تعددت استنادا إلى ذلك نماذج قياس النمو الاقتصادي والنمو في الإنتاج ومن أهم هذه النماذج التي تستخدم بشكل واسع في حسابات العائد الاقتصادي للتعليم هي النماذج الآتية التي سنوضح بعض خصائصها.

## -نموذج ذو العامل الواحد:

يستند هذا النموذج في قياس الدخل القومي إلى حساب أثر العمل الحي في زيادة الدخل القومي وفي زيادة الإنتاج ويعد هذا النموذج العمل الحي عاملا حاسما في زيادة الدخل القومي وفي زيادة الإنتاج وفي حين لا يرى في رأس المال المادي والعوامل الأخرى إلا ظروفا ضرورية لأثر العمل في الإنتاج وفي زيادته ومن هذا المنطلق يعزيها النموذج أية زيادة في الدخل القومي أو في الإنتاج إلى أثر عامل العمل الحي المبذول في عملية الإنتاج ولا يعطي دورا مماثلا إلى رأس المال أو للتقدم العلمي والتكنيكي وأول من صاغ هذا النموذج ضمن هذا الفهم في حسابات الدخل القومي والإنتاج هو ستانسلاف سترومیلین يحتوي هذا النموذج بصيغته الأولية على عصرين هما :

كمية العمل والتي تقاس بعدد العاملين وأثر العمل ويقاس من خلال متوسط إنتاجية العمل قياسا على كل واحد من العاملين (ومن هنا يسمى هذا النموذج أيضا

بنموذج العوامل المباشرة لاستناده على كمية العمل وإنتاجيته)وهكذا يرى هذا النموذج أن الدخل القومي هو ناتج عن تأثير كل من كمية العمل واثر العمل أي:

$$D=z.w$$

حيث يعني:

**D**= الدخل القومي

**Z**= كمية العمل المتمثلة بعدد العاملين.

**W**= إنتاجية العمل

وتظهر هذه الصيغة في حالتها الحركية أي في حالة حدوث تغييرات في عناصرها كما يأتي:

$$\frac{\Delta D}{D}=\frac{\Delta Z}{Z}+\frac{\Delta W}{W}$$

حيث يعني:-

**D**- الدخل القومي في سنة الأساس(أو في سنة الصفر)

**ΔD**- نمو الدخل القومي في السنة التي يراد فيها معرفة حجم التغيير قياسا إلى سنة الأساس.

**Z**- كمية العمل المتمثلة بعدد العاملين في سنة الأساس (أو في سنة الصفر).

Δz- نمو كمية العمل المتمثلة بعدد العاملين في السنة التي يراد فيها معرفة حجم التغيير.

**w**-إنتاجية العمل في سنة الأساس.

**Δw**- نمو إنتاجية العمل في السنة التي يراد فيها معرفة حجم التغيير.

ويظهر من هذا النموذج أن نمو الدخل القومي يعتمد على نمو كمية العمل ((المتمثلة بعدد العاملين)) ونمو إنتاجية العمل، إذ تعد التغييرات التي تحصل في كمية العمل وإنتاجية العمل شرطا أساسا لنمو الدخل القومي وان هذه التغييرات استنادا إلى هذا النموذج ترافق تغييرات في معدلات مستوى المهارة عند العاملين وان مستوى المهارة تؤثر في المحصلة النهائية في كمية العمل وفي إنتاجيته وبذلك يعطي للمهارة في النتيجة النهائية دورا أساسيا في التغييرات التي تحصل في معدلات النمو في الدخل القومي وفي زيادة الإنتاج وفي سبيل تحديد دور المهارة في التغييرات التي تحصل في الدخل القومي وفي الإنتاج يفترض هذا النموذج توفر معلومات حول التغييرات التي تخص متوسط المهارة لدى العاملين كما يفترض إمكانية التعبير عن متوسط مستوى المهارة بقدر ما وعندئذ يمكن تقدير دور المهارة من خلال عنصري كمية العمل وإنتاجية العمل وبذلك تكون التغييرات التي تحصل في الدخل القومي ناتجة عن:

$$\frac{\Delta D}{D} = \frac{\Delta ZP}{ZP} + \frac{\Delta Q}{Q} + \frac{\Delta WP}{WP}$$

حيث أن:

Z p -كمية العمل عند أدنى حد لمستوى المهارة (وتتمثل بعدد العاملين الذين ينفذون عملا غير معقد ولا يحتاج إلى مهارة ذات درجة أعلى) في سنة الأساس.

ΔZ p -نمو كمية العمل عند أدنى حد لمستوى المهارة في السنة التي يراد قياسها.

Q -متوسط مستوى المهارة في سنة الأساس.

ΔQ -الزيادة في متوسط مستوى المهارة في السنة التي يراد قياسها.

W p -إنتاجية عمل العاملين عند أدنى حد لمستوى المهارة في سنة الأساس.

ΔWp -الزيادة في إنتاجية العاملين عند أدنى حد لمستوى المهارة في السنة التي يراد قياسها.

إن هذه الصيغة التي ذكرت لتأثير المهارات والتغييرات الحاصلة فيها على التغييرات في الدخل القومي هي صيغة عامة لقياس مختلف درجات المهارة من دون تحديد لمستوياتها ولذا حدد سترومილين عدد من مستويات المهارة في دراساته الميدانية في سبيل التوصل إلى النتائج المتوخاه من قياس دور المهارة في زيادة الإنتاج وفي نمو الدخل القومي وقد اعتمد سترومیلين على ثلاثة مستويات للمهارة تقابل المستويات التعليمية الثلاثة((التعليم الابتدائي، والثانوي، والعالي))وعد المؤهلات التي تترتب على التعليم الابتدائي مؤهلات تقابل العمل البسيط غير المركب.

(أي العمل الذي لا يحوي على مهارة ما). وهي مؤهلات الحد الأدنى من المهارة وعد سترومیلين معدل متوسط أجور العاملين الحائزين على التعليم الثانوي والعالي كمعيار لقياس المستوى المتوسط والمستوى العالي للمهارة وبذلك تمكن من تحديد مستويات المهارة في سبيل قياس تأثير تلك المستويات في التغييرات التي تحصل في حجم الدخل القومي أو في حجم الإنتاج وقد توصل إلى قياس دور تلك المستويات من المهارة على التغييرات في الدخل القومي كما يأتي:

قاس سترومیلين إنتاجية العمل الذي هو في الحد الأدنى للمهارة أي إنتاجية عمل العاملين الحائزين على المؤهلات التي تترتب على التعليم الابتدائي من خلال الصيغة الآتية:-

$$WP = \frac{D}{Z + Zq}$$

**حيث يعني :**

**D**- الدخل القومي.

**w p**- إنتاجية العمل غير المركب الذي هو في الحد الأدنى للمهارة.

**Zq**- يعني ما يضاف من مستوى للمهارة على مهارة العاملين الحائزين على التعليم الابتدائي.

**Z**- كمية العمل المتمثلة بعدد العاملين.

ويظهر من هذه الصيغة أن أية إنتاجية ((ونعني هنا تحقيق شكل من أشكال الزيادة في الإنتاج))
تتوقف على مدى ما يضاف من مستويات من المهارة لمهارة القوى العاملة الحائزين على مستوى من
المهارة هو أوطأ من المستوى الذي يضاف إليه، وبذلك فان أية زيادة في الدخل القومي نتيجة زيادة مهارة
العاملين تأتي من خلال رفع مستويات أعلى من مستوى التعليم الابتدائي،  وتظهر هذه الزيادة في الدخل
القومي نتيجة زيادة مهارة القوى العاملة كما يأتي:-

$$Dq = Zq \cdot Wp$$

ويعوض ستروميلين عن إنتاجية العمل غير المركب Wp  بـ:

$$\frac{D}{Z + Zq}$$

وبذلك تظهر الزيادة في الدخل القومي نتيجة زيادة مستوى العاملين كما يأتي:

$$Dq = Zq \, \frac{D}{Z + Zq}$$

**حيث يعني:**

Dq- الدخل القومي الناتج عن زيادة مستوى مهارة العاملين.

D- الدخل القومي.

Zq- ما يضاف من مستويات للمهارة على مهارة العاملين الحائزين على التعليم الابتدائي.

Z- كمية العمل المتمثلة بعدد العاملين.

ويعد قياس دور المهارة استنادا إلى مستويات المهارة في زيادة الدخل القومي وفي زيادة  الإنتاج
أهم انجاز ستروميلين،  حيث وفر الأداة التي تمكن من قياس التغييرات التي تحصل في مستويات مهارة
القوى العاملة لقد حاول ستروميلين تحويل المستوى النوعي للعمل إلى مستويات كمية يمكن قياسها
وتوصل إلى ذلك من خلال مقارناته لمستويات الأجور وإنتاجية العمل لمختلف درجات المهارة عند العاملين
والموظفين مع مستويات تعليمهم آخذا بنظر الاعتبار في تلك المقارنات عوامل العمر والخبرة المهنية والمهارة

التكنيكية للعاملين إذ قسم الفئات التي شملتهم دراساته إلى ثمان مجموعات حسب فئات العمر وثلاثة عشر مجموعة استنادا إلى الخبرة في العمل، وإحدى عشرة مجموعة حسب مستوى تعليم العاملين واستهدف ستروميلين من هذا التقسيم إمكانية تحديد أثر ((عامل التعليم )) من بين العوامل الأخرى المؤثرة في إنتاجية العمل وقد خرج باستنتاجات تؤكد على أن ابسط مستوى للتعليم الأولي له أثر كبير في زيادة مهارة القوى العاملة وبدرجة أكبر من التدريب خلال العمل في المؤسسات الإنتاجية، وقد حلل ستروميلين في دراساته عناصر الـعـمل الـمـركـب.

((أو العمل المعقد)) وأرجع تلك العناصر إلى أبسط صيغ العمل العادي غير المركب و من ثم وصل إلى نتائج تبين قيمة العمل المركب ودوره في زيادة الدخل القومي قياسا على العمل البسيط الذي هو على أدنى مستوى من المهارة والذي يقابل المؤهلات التي تترتب على مستوى التعليم الابتدائي وعد المستوى التعليمي الذي يلي المرحلة الابتدائية عنصرا مهما من عناصر العمل المركب لإسهامه في تحسين نوعية الخبرات والإمكانات المهنية للفرد نتيجة ذلك التعليم الإضافي وبذلك عد المهارة من العوامل زيادة إنتاجية العمل، هنا يحدد ستروميلين المهارة بالإمكانات التي تقابل التعليم الثانوي والعالي أي الإمكانات التي تترتب على التعليم الثانوي والعالي وتقاس المهارة عنده بالمستوى التعليمي قياسا على مستوى التعليم الابتدائي بوصفه يمثل الحد الأدنى للمهارة الضرورية للقيام بعمل غير مركب وأسقط ستروميلين في دراساته هذا التأثير الذي تتركه التغييرات التي تحصل في أدوات الإنتاج التكنيكية وبهذا حاول قياس أثر المهارة وجعلها عاملا تؤثر في اختلاف مستويات إنتاجية العمل مع افتراض "ثبات التكنيك" أي ثبات وسائل وأدوات الإنتاج من الناحية التكنيكية وقد أسقط ستروميلين أيضا بافتراضه هذا أثر التقدم العلمي في إنتاجية عمل القوى العاملة واستخدم ستروميلين العلاقة بين متوسط أجور العاملين الحائزين على المستويات التعليمية الابتدائية والثانوية والعالية بمثابة معيار لقياس تأثير المستوى التعليمي في إنتاجية العمل واستنادا إلى هذا المقياس أي مقياس الأجور قام بتحوير العمل المعقد أو المركب الذي يقابل عمل العاملين الحائزين على مؤهلات تعليمية فوق مستوى التعليم الابتدائي إلى العمل البسيط الذي يقابل المؤهلات التي تترتب على التعليم الابتدائي إذ ساوى بين وحدة عمل معقدة مع عدد من وحدات العمل البسيط على سبيل

المثال إذا اعتبرنا إن العامل الواحد ذا المستوى التعليمي العالي يعادل أكثر من عامل أو يعادل عاملين أكملا التعليم الابتدائي واستخدم ستروميلين هذه الطريقة في تحوير التأثيرات النوعية التي تتركها المهارة على العمل إلى عدد من وحدات العمل البسيط في سبيل قياس تأثير نوعية العمل المتمثلة بالمهارة في الإنتاج بوحدات كمية يمكن قياسها ويمكن توضيح فكرة تحوير العمل المركب إلى العمل البسيط وكيفية قياس إنتاجية العمل وقياس تأثير المهارة على تلك الإنتاجية من خلال المثال الآتي:-

لو افترضنا أن(100 ) عامل ذي تعليم ابتدائي أنتجوا في مؤسسة إنتاجية (1000) وحدة من الوحدات المنتجة في فترة زمنية معينة فان إنتاجية العامل الواحد من الوحدات المنتجة في تلك الفترة الزمنية هي(10) وحدات من الوحدات المنتجة ولكن لو أتينا بمائة عامل ذي تأهيل عال وعلموا في مؤسسة إنتاجية بنفس الشروط الإنتاجية التي لا تختلف عن المؤسسة السابقة من حيث نوع المنتوج ومن حيث المستوى التكنيكي ومن حيث ظروف العمل، وأنتجوا (10000) وحدة من وحدات المنتوج فتكون إنتاجية كل عامل من هؤلاء العاملين الحائزين على التعليم العالي هي (100) وحدة من وحدات المنتوج، أي أن كل عامل من هؤلاء العمال يعادل عشرة عمال من العاملين الحائزين على التعليم الابتدائي والفارق الذي يمثل (90) وحدة من وحدات المنتوج هو ناتج لهذا التأهيل الإضافي الذي حصل عليه الفرد بعد المرحلة الابتدائية غير أن ستروميلين لم يتوصل إلى فكرة التحوير هذه من خلال مقارنة نتائج عمل العاملين في مجال الإنتاج وإنما اعتمد على مقياس الأجور في عملية التحوير أي أنه عندما يقول إن العامل ذا التأهيل العالي أكثر إنتاجية من العامل ذي التأهيل الابتدائي فحكمه هذا لم يستند إلى القياس الفعلي لإنتاجية كلا الصنفين من العمال كما فعلنا في المثال المذكور وإنما يتوصل إلى النتيجة نفسها من خلال مقياس الأجور أي من خلال الفارق الموجود بين أجور العمال الحائزين على مستويات تعليمية متباينة فيرى أن الفرق بين أجور العمال الحائزين على التعليم الثانوي والتعليم الابتدائي هو معيار يقابل الفرق بين إنتاجية عمل كل نوع منهما وكذا الحال بالنسبة للفرق بين أجور العاملين الحائزين على التعليم العالي قياسا لأجور العاملين الحائزين على التعليم الثانوي والابتدائي، وفي سبيل أن يعزل ستروميلين أثر المهارة الآتية نتيجة الخبرة في العمل اعتمد حساباته على متوسط أجور العاملين المبتدئين في

العمل مسقطا بذلك الزيادة الآتية ارتفاع المهارة بسبب التطبيق العملي وقارن بين متوسط أجور كل صنف من العمال قياسا على مستوياتهم التعليمية وارجع الفرق الموجود في الأجور إلى الفرق في إنتاجيتهم بذلك جعل المهارة (التي تقابل عنده مستوى تعليمي معين) سببا مباشرا وحاسما في تباين إنتاجية القوى العاملة وان إضافة أية سنة دراسية إلى المستوى المتحقق عند العامل ستؤدي إلى زيادة إنتاجيته ويؤكد في هذا المجال على أنه قد توصل إلى أن إعطاء سنة دراسية واحدة من التعليم الأولي إلى العامل أسهم في زيادة إنتاجية العامل بنسبة 30% في حين أن التدريب خلال العمل يستطيع زيادة إنتاجية العامل غير المتعلم إلا بمقدار (12-16%) سنويا ويقيس ستروميلين هذا الأثر الاقتصادي الذي تتركه مهارة القوى العاملة التي تقابل المستويات التعليمية لهم في نمو الدخل القومي من خلال الصيغة الآتية:

$E=\Delta k-kb:1.100$

حيث يعني:

**E**= الأثر الاقتصادي للتعليم.

$\Delta K$- يعني نمو الدخل القومي نتيجة للتعليم ويقابل في الأصل الزيادة في الدخل القومي الناتج عن زيادة مستوى مهارة العاملين والتي تم قياسها فيما سبق عن طريق الصيغة الآتية:

$$\frac{D}{Z+Zq}$$

ونعوض هنا هذه الصيغة لقياس الزيادة في الدخل القومي نتيجة الزيادة في مستوى المهارة بـ $\Delta k$

Kb- يعني التكاليف الجارية للتعلم.

1- **قيمة الوسائل والأدوات والمستلزمات الثابتة للتعليم .**

بعد هذا العرض لنموذج العامل المباشر أو نموذج ستروميلين يمكن تسجيل بعض الملاحظات العامة على هذا النموذج على الرغم من أهميته وما أحدثه من طفرة نوعية في مجال قياسات العائد الاقتصادي للتعليم وهي أن اعتماد ستروميلين على المهارة.

(ومن ثم على التعليم) واعتبارها العامل الحاسم في زيادة الإنتاج هو حكم يغفل دور بعض العوامل الرئيسية الأخرى التي تؤثر بدرجات كبيرة في الإنتاج وبالأخص دور عامل التقدم العلمي والتكنيكي إذ إن إعطاء هذا الدور للمهارة التي تقابل التعليم الثانوي والعالي مقاسا بالتعليم الابتدائي في التأثير في مستوى إنتاجية العمل يؤدي إلى إسقاط دور تأثير التغييرات التي تحصل في تكنيك الإنتاج ففي الوقت الذي اعتقد فيه ستروميلين بأن زيادة إنتاجية عمل العاملين هي بسبب زيادة تكثيف العمل أو تركيز العمل من جانب وبسبب زيادة القوة الإنتاجية للعمل من جانب آخر والذي عبر منها بالصيغة الآتية:

$$\frac{\Delta W}{W} = \frac{\Delta \text{in}}{\text{in}} + \frac{\Delta S}{S} + \frac{\Delta \text{in}. \Delta S}{\text{in}.S}$$

حيث يعني:

w- إنتاجية العمل.

Δw- الزيادة في إنتاجية العمل.

in- تركيز العمل أو تكثيف العمل.

Δin- الزيادة في تركيز العمل أو تكثيفه.

s- القوة الإنتاجية للعمل.

Δs- الزيادة في القوة الإنتاجية للعمل.

اغفل في الوقت نفسه دور العوامل الأخرى التي تؤثر في القوة الإنتاجية للعمل إن المهارة تؤثر فعلا على كمية العمل وبذلك لها دور حاسم في تركيز العمل أي تؤثر فقط في عنصر (in) في المعادلة التي ذكرت في أعلاه غير أن القوة الإنتاجية (s) تؤثر فيها بالإضافة إلى عنصر المهارة عوامل أخرى كإدخال الآلات والأدوات التكنيكية المتطورة في عملية الإنتاج وتغيير ظروف العمل أو مدى الاعتماد على معطيات التقدم العلمي وهكذا يعد إغفال هذه العوامل التي تؤثر في أحد العناصر التي تعتمد عليها إنتاجية العمل القوة الإنتاجية ما أخذلا بد أن يؤخذ بعين الاعتبار عند الحكم على مدى دقة قياس هذا النموذج للدور الحقيقي لمهارة القوة العاملة في زيادة إنتاجية عملهم.

والملاحظة الثانية التي يمكن أن تثار حول نموذج ستروميلين تتعلق باستخدامه مقياس الأجور معيارا لقياس تأثير المستوى التعليمي من خلال المهارة في إنتاجية العمل وقد بينا أنه اعتمد في الحكم على إنتاجية المستويات المهارية المختلفة على العلاقة بين متوسط أجور العاملين الحائزين على المستويات التعليمية للمراحل الابتدائية، والثانوية، والعالية، على أساس أن متوسط أجر العامل الحائز على المستوى التعليمي للمرحلة الثانوية أعلى من متوسط أجر العامل الحائز على مستوى التعليم الابتدائي وان هذا الفرق بين الأجور وحجمه يفسران الفرق وحجم إنتاجية كل منهما حيث أن إنتاجية العامل الحائز على التعليم الثانوي أعلى من إنتاجية العامل الحائز على التعليم الابتدائي بنسبة توازي نسبة الفرق بين أجريهما وكذلك الحال بالنسبة لإنتاجية العامل الحائز على التعليم العالي قياسا على إنتاجية العامل الحائز على العليم الثانوي أو التعليم الابتدائي وبذلك عد ستروميلين الاختلاف في المستوى التعليمي العامل الأساس في تباين مستوى الأجور عند العاملين في الوقت الذي نرى أن مستوى أجور العاملين يتباين ليس فقط بسبب اختلاف المستويات التعليمية وبسبب اختلاف مستوى مهاراتهم بل هناك عوامل أخرى ذات دور كبير في اختلاف مستوى الأجور بين العاملين منها الحالة في سوق العمل ودرجة العرض والطلب على كمية العمل ونوعيته أو اختلاف مستوى الأجور لاعتبارات اجتماعية إلى آخره من العوامل التي قد تؤدي إلى التباين بين مستوى أجور القوى العاملة بغض النظر عن المستويات التعليمية لهم وبذلك يكون استخدام هذا المقياس معيارا في قياس أثر التعليم في إنتاجية العمل من دون الانتباه إلى هذه الناحية قد يكون أمر تعوزه الدقة لقد استخدم نموذج العامل المباشر من قبل العديد من الاقتصاديين والمهتمين بشؤون العائد الاقتصادي للتعلم في مختلف الأقطار وتم تكيفه كي يلائم وظائف الاستخدامات الجديدة وفي مقدمة المهتمين بالدراسات الاقتصادية في التعليم والذين استخدموا هذا النموذج وحاولوا أن يكيفوه في ضوء الوظائف الجديدة لاستخداماته هم كل من: ف.زامين W.A.Zamin، وكابوستينا E.J.Kapustina، و ف.كوماروف W.E.Komarow

وقد اعتمد كوماروف على هذا النموذج في دراسات على الأثر الاقتصادي لمختلف صيغ التعليم وحاول في دراساته عدم تجاهل دور عامل التقدم العلمي والتكنيكي الذي أغفل من قبل ستروميلين واستهدف من ذلك التوصل إلى تحديد أفضل للعلاقة التي تربط بين مهارة القوى العاملة والنمو الاقتصادي وقد استخدم ف. زامين هو الآخر طريقة ستروميلين في قياس درجة الأثر الاقتصادي الذي يتركه التعليم. وقد كيف الصيغة التي استخدمت من قبل ستروميلين في قياس الأثر الاقتصادي للتعليم إلى الصيغة الآتية:

$$E_2 = \frac{W_2}{\Delta N}$$

$$P_2 = \frac{1}{E_2} = \frac{\Delta N}{W_2}$$

حيث يعني:

$E2$- درجة الأثر الاقتصادي التي يتركها التعليم.

$\Delta N$- حجم الزيادة في الدخل القومي بسبب مهارة القوى العاملة وتقابل هذه الزيادة هنا نفس الزيادة في الدخل القومي عند ستروميلين والتي سميت $Dq$ .

$P2$- درجة نمو الدخل القومي.

$W2$- النفقات المخصصة للتعليم .

ويسمى زامين هذا النموذج بالمقياس الجزئي لقياس درجة الأثر الاقتصادي للتعليم إذ يقيس هذا المقياس الأثر الاقتصادي الذي يتركه تعلم العاملين في القطاعات الإنتاجية فقط ويسمى علاقة كل التكاليف التعليمية إلى كامل حجم نمو الدخل القومي بـ "الدرجة العامة للأثر الاقتصادي للتعليم" والفرق بين النموذجين هو أن في النموذج الأول يتم التوصل إلى التأثير الاقتصادي للتعليم في حدود العلاقة بين النفقات التعليمية التي خصصت لإعداد المهارات الضرورية لحاجة القطاعات الإنتاجية فقط وحجم الزيادة في الدخل القومي الناتج عن زيادة مهارة القوى العاملة أما في النموذج الثاني فيأخذ العلاقة بين كامل النفقات المخصصة للتعليم على صعيد المجتمع وحجم الزيادة في الدخل

القومي الناتج بسبب كل العوامل التي أسهمت في نمو الدخل القومي وهذه الصيغة التي استخدمت في قياس الدرجة العامة للتأثير الاقتصادي للتعليم من قبل زامين هي كالآتي:

$$E_o = \frac{W_o}{N}$$

$$P_O = \frac{1}{E_o} = \frac{W}{WO}$$

**حيث يعني:**

$E_o$- الدرجة العامة للأثر الاقتصادي الذي يتركه التعليم على صعيد الدخل القومي.

$\Delta n$- حجم نمو الدخل القومي بسبب كل العوامل التي تسهم في زيادة الدخل القومي.

$P_o$- الدرجة العامة لنمو الدخل القومي.

وقد ظهرت استخدامات متنوعة لنموذج ستروميلين في قياس دور المهارة في زيادة الدخل القومي غير أن كل هذه الاستخدامات تستند إلى الفكرة الرئيسة لنموذج ستروميلين لإعداد عنصر العمل بمثابة العامل الحاسم في زيادة الدخل القومي من هذه الاستخدامات النموذج الذي يستخدم لأغراض قياس دور المهارة في زيادة الإنتاج سواء على صعيد قطاع إنتاجي معين أم على صعيد الإنتاج الاجتماعي ويعتمد النموذج المستخدم في هذا المجال أيضا على عنصري العمل كما هي الحال في نموذج ستروميلين وهما كمية العمل المتمثلة بعدد العاملين وإنتاجية العمل التي تعتمد على مهارة العاملين والنموذج الأكثر شيوعا في هذا المجال هو النموذج الآتي الذي يعتمد في صيغته الأولية على النموذج الأساس الذي استخدمه ستروميلين مع تبديل بسيط يتمثل باستبدال الدخل القومي بالإنتاج.

$$P = W.Z$$

حيث يعني:

p- الإنتاج.

w- إنتاجية العمل

z- كمية العمل المتمثلة بعدد القوى العاملة.

وفي سبيل قياس حجم الزيادة في الإنتاج الناتج بسبب العمل بعنصرية كمية العمل ونوعيته (التي تعتمد على المهارة) تستخدم الصيغة الآتية في قياس تلك الزيادة استنادا إلى العلاقة التي تربط بين عناصر النموذج في أعلاه وهذه الصيغة هي كالآتي:

إن حجم الإنتاج في سنة ما ناتج عن حاصل ضرب كمية العمل في إنتاجيته:

$P_1 = W_1 . Z_1$

الزيادة في الإنتاج يساوي حجم الإنتاج في سنة ما مطروحا منه حجم الإنتاج في السنة التي سبقتها ويمكن أن يرمز لهذه الحالة بـ: -

$\Delta P = P_1 - P_0$

ويقاس بنفس الطريقة الزيادات في إنتاجية العمل والزيادة في عدد العاملين:

$\Delta W = W_1 - W_0$

$\Delta Z = Z_1 - Z_0$

حيث يعني:

P- الإنتاج.

W- إنتاجية العمل.

Z- كمية العمل.

وهكذا استنادا للعلاقات هذه فإن:-

$P + \Delta P = (W + \Delta W)(Z + \Delta Z)$

$P + \Delta P = W.\Delta Z + \Delta W.Z + \Delta W.\Delta Z + WZ,$

$$\Delta p = W.\Delta Z + \Delta W.Z + \Delta W.\Delta Z + WZ - P,$$

$$\Delta P = W.\Delta Z + \Delta W.Z + \Delta W.Z + \Delta W.\Delta Z + P - P,$$

$$\Delta P = W.\Delta Z + \Delta W.Z + \Delta W.Z + \Delta W.\Delta Z$$

وهكذا تظهر من الخطوة الأخيرة لتصنيف العلاقات بين الإنتاج وعوامله إن زيادة الإنتاج المتمثلة بـ($\Delta P$) تظهر في الحالات الآتية:

**أولا:** عندما يزداد عدد العاملين وتبقى مهارة القوى العاملة ثابتة (المهارة تظهر من خلال إنتاجيتهم).

**ثانيا:** عندما تزداد إنتاجية القوى العاملة من خلال الارتفاع بمستوى مهاراتهم مع ثبات عدد العاملين (وهذه الحالة هي التي تهمنا في مجال قياس دور المهارة في زيادة الإنتاج).

**ثالثا:** عندما تحصل زيادة في عدد العاملين وزيادة في إنتاجهم ومن أجل بيان درجة تأثير كل عنصر من عنصري الإنتاج في الزيادة التي تحصل في الإنتاج ودرجة التأثير التي يتركها كلا العاملين في زيادة الإنتاج استنادا إلى الخطوات التي ذكرت في أعلاه يمكن إتباع الخطوات الآتية:

**أولا:** يستخرج درجة تأثير زيادة كمية العمل في نمو الإنتاج من خلال العلاقة الآتية:

$$\frac{W.\Delta Z}{\Delta P}$$

**ثانيا:** يستخرج درجة تأثير زيادة إنتاجية العمل(أي زيادة مهارة العاملين) في نمو الإنتاج من خلال العلاقة الآتية:-

$$\frac{W.Z}{\Delta P}$$

**ثالثا:** يستخرج درجة تأثير زيادة كمية العمل ومستوى مهارة العاملين (إنتاجية عملهم) في نمو الإنتاج من خلال العلاقة الآتية:

$$\frac{W.\Delta Z}{\Delta P}$$

**رابعا:** يستخرج نسبة الزيادة في الإنتاج بدلالة تأثير كل من كمية العمل وإنتاجيته(التي تتمثل بمستوى مهارة العاملين) من خلال العلاقة الآتية:

$$\frac{\Delta P}{P} = \frac{W.\Delta Z + \Delta W.Z + \Delta W.\Delta Z}{W.Z}$$

## -نموذج العوامل المتعددة-

يفترض هذا النموذج أن هناك أكثر من عامل تسهم في عملية تكوين الإنتاج وزيادته وان عوامل الإنتاج الرئيسة هي رأس المال والعمل(بعنصرية كمية العمل ونوعيته) ويعد اهتمام هذا النموذج بالعمل وإعداده أحد العوامل الرئيسة في عملية الإنتاج وهو الذي دفع الاقتصاديين الذين اخذوا بهذا النموذج إلى البحث عن دور المهارة في زيادة الإنتاج ويتم تحديد دور المهارة في الإنتاج من خلال تحديد الوظيفة الإنتاجية لكل عامل من عوامل الإنتاج، ويعتمد معظم الدراسات التي تأخذ بهذه الطريقة على النموذج الذي يسمى بالوظيفة الإنتاجية لكوب دوغلاس(Cobb –Douglas)

يفترض هذا النموذج أن هناك وظيفة ثابتة لعوامل الإنتاج أي هناك دورا ثابتا لكل عامل من عوامل الإنتاج في تكوين الدخل القومي ويعبر عن ذلك بالصيغة الرياضية الآتية:

$$D = A.Za.k \quad \ldots\ldots\ldots \quad a-1$$

حيث أن:

D- يعني الدخل القومي.

Z- يعني كمية العمل.

A,a- يعني معيار ثابت للوظيفة الإنتاجية.

وقد استخدمت الفكرة الأساسية لهذا النموذج من قبل العديد من الاقتصاديين في مجال قياس دور المهارة في عملية تكوين الإنتاج وزيادته وكانوا يبحثون عن دور المهارة من خلال ما يسمى بالعامل الثالث أو " العوامل المتبقية"

إن استخدام نموذج الوظيفة الإنتاجية في قياس دور العوامل المتبقية يستند إلى الافتراض الآتي: إذا حصلت زيادة الناتج (المخرجات) غير أنه إذا حصلت زيادة في عامل واحد دون العوامل الأخرى ستؤدي هذه الزيادة إلى زيادة في الناتج عند اخفض معدل من معدلات الزيادة وبعبارة أخرى إن الزيادة في أي عامل دون العوامل الأخرى ستؤدي إلى تناقص معدل الزيادة في الإنتاج قياسا للحالة التي تحصل فيها الزيادة في كل عوامل الإنتاج وتستخدم الصيغة الرياضية الآتية في قياس دور العوامل المتبقية (بما فيها المهارة) في عملية الإنتاج وزيادته:

$$Rt = ak \ t \ \&z \ t \ B(eht)^3$$

حيث أن:

Rt- يعني الإنتاج الإجمالي في سنة ما.

Kt- الرأس المال المستخدم في الإنتاج في سنة ما.

Zt- كمية العمل المستخدمة في الإنتاج ي سنة ما (وتظهر من خلال عدد العمال).

Eht= مؤشر تنظيم العمل ونوعية عمل القوى العاملة والذي يفترض بأنه يزداد بمعدل ثابت ويعبر عنه بـ3 .

3 ,B , a, a= معدلات ثابتة.

وهكذا يفترض هذا النموذج إن عوامل الإنتاج جميعها لها أدوار ثابتة في عملية الإنتاج وزيادتها فمن خلال ثبات هذه الأدوار يتم تحديد حجم دور كل عامل بما فيها دور العوامل المتبقية، لقد استخدم هذا النموذج من قبل العديد من الاقتصاديين وفي مقدمتهم أود أوكرست (odd Auk rust) وقد بينا أن أوكرست توصل من خلال استخدامه لهذا النموذج إلى نتائج تؤكد أن زيادة 1% من رأس المال الحقيقي تؤدي إلى زيادة في الإنتاج بنسبة0.2%،    وأن زيادة1% في كمية العمل تؤدي إلى زيادة في الإنتاج

بنسبة0.7%، وأن التحسين المستمر في نوعية العمل يؤدي إلى زيادة في الإنتاج قدرها 1.8% ويعد أوكرست هذه الأدوار للعوامل المذكورة هي ثابتة في عملية الإنتاج وقد استخدم سولو (R Solow) أيضا هذا النموذج لقياس دور كل عامل من عوامل الإنتاج في عملية تكوين الإنتاج وزيادته في الولايات المتحدة الأمريكية، وكذلك أستخدم من قبل نيتامو (O.Niitamo) في دراسة مماثلة في فنلندا وأستخدم فيما بعد أيضا من قبل العديد من الاقتصاديين في الولايات المتحدة وأوروبا، وقد أثار استخدام هذا النموذج تساؤلات متعددة وفي مقدمتها مدى صلاحية الوظيفة الإنتاجية لكوب دوغلاس في تحديد الدور الحقيقي لكل عامل من عوامل الإنتاج وخاصة إن هذه الوظيفة تعطي أدوارا ثابتة لكل عامل مهما حصلت تغييرات في طبيعة العوامل الأخرى. إن الملاحظات التي أثيرت بهذا الخصوص تؤكد على أن دور كل عامل من عوامل الإنتاج يتغير نتيجة التغييرات النوعية التي تحصل في عمليات الإنتاج فمثلا تؤدي التغييرات التي تحصل في نوعية المهارة لدى القوى العاملة أو التغييرات التي تحصل في وسائل الإنتاج التكنيكية إلى تغيير دور رأس المال وبذلك فان الافتراض الأساس الذي يعتمد عليه هذا النموذج الذي يخص ثبات دور كل عامل من عوامل الإنتاج و هو افتراض الأساس الذي يعتمد عليه هذا النموذج الذي يخص ثبات دور كل عامل من العناصر التي تكون العامل الثالث "أي العوامل المتبقية" أمرا في غاية الصعوبة إذ يشكل هذا العامل تركيبا معقدا يصعب تصنيف العوامل الفرعية التي تدخل ضمن حدوده وبذلك فانه حتى لو أمكن تحديد دور العوامل المتبقية في الإنتاج تظهر صعوبات في تحديد دور عنصر مهارة القوى العاملة والتأثيرات الأخرى الناجمة عن التعليم والتي تتركها القوى العاملة في حجم ونوعية الإنتاج. وهكذا تثير هذه الملاحظات تساؤلات متعددة حول مدى صحة النتائج والمعطيات التي تترتب على استخدام هذا النموذج.

"نموذج بيكر":وقد استخدم بيكر G.S.Becker في دراسة أجراها في الولايات المتحدة نموذجا خاصا لتحليل الفوائد التي يحصل عليها الأفراد والشركات من نتائج التعليم هذه النتائج تتمثل بالمهارة المضافة نتيجة للتدريب إلى مهارة العامل غير المتعلم أو العامل الذي يمتلك مستوى متدن من التعليم وبين بيكر في دراسته الأثر الذي

يتركه التدريب في الإنتاجية كما بين حجم الفوائد التي يمكن أن تجنيها المؤسسة من التدريب، وتوصل إلى تحديد هذا الأثر الذي يتركه التدريب من خلال الصيغة أو النموذج الآتي:-

MP =W

MPt =Wt

حيث يمثل:

**MP** -الإنتاج.

**W** - الأجور.

**MPt**-الإنتاج الحدي.

**Wt**- النفقات الحدية.

وان هذا التوازن في الإنتاج الحدي مع الأجور يعني في الحقيقة التوازن الذي يتمثل بتساوي الإيرادات الحدية مع النفقات الحدية ويعبر عن هذا التوازن بما يأتي:

$$\sum_{t=0}^{nJ1} \frac{R\,t}{(1+1)\,1+1} \qquad \sum_{t=0}^{mJ1} \frac{E\,t}{(1+1)\,1+1}$$

**R** - العائد.

**E** - النفقات.

**t** - الزمن.

**i** - درجة الخصم /أو سعر الفائدة.

ويرى بيكر أن نفقات العاملين تتغير أثناء التدريب إذ تصبح هذه النفقات متكونة من الأجور قبل البدء بالتدريب مضافا إليها نفقات التدريب ومن ثم يضيف بيكر هذه النفقات (الأجور قبل البدء بالتدريب ونفقات التدريب) إلى النفقات الحدية

106

وفي سبيل البقاء على التوازن بين النفقات والإنتاج الحدي يستخدم بيكر الصيغة الآتية:

$$MPo + \sum_{t=0}^{nJ1} \frac{MPt}{(1+1)t} = Wo + K + \sum_{t=1}^{mJ1} \frac{Wt}{(1+1)t}$$

حيث يرمز:

**Mp0**- الإنتاج الحدي قبل البدء بالتدريب.

**MPt**- الإنتاج الحدي أثناء التدريب

**i**-درجة الخصم.

**t**- الزمن.

**W0** - الأجور قبل البدء بالتدريب.

**k**- نفقات التدريب.

**Wt**- الأجور أثناء التدريب.

وإذا رمزنا للعوائد التي تجنيها المؤسسة من خلال التدريب التي تمثل في الزيادة في الإيرادات على مجموع النفقات المستقبلية بحرف(G) فان G يساوي:

$$G = \sum_{t=1}^{nJ1} \frac{MPtWt}{(1+1)t}$$

وبإضافة هذه العوائد التي تجنيها المؤسسة نتيجة تدريب عمالها إلى الإنتاج الحدي قبل البدء بالتدريب مضافة إلى نفقات التدريب ويمكن التعبير عن ذلك بالصيغة الآتية:

Mpo + G =Wo+k

ويضيف بيكر إلى نفقات التدريب كلفة الفرص ويرمز لذلك بحرف C ويرى أن نفقات التدريب لا تمثل إلا جزءا من النفقات الحقيقية للتدريب حيث كان بإمكان المتدرب لولا فترة التدريب إنتاج وحدات إضافية أخرى ويستخرج بيكر حجم

تكاليف الفرص من الفارق بين ما أنتجه العامل قبل البدء بالتدريب ومما يتم إنتاجه من المنتوج في المؤسسة عند غياب العامل عن المؤسسة لغرض التدريب ولذلك عدل بيكر الصيغة المذكورة في أعلاه إلى الصيغة الآتية:

$$Mpo+G =W0+C$$

حيث يرمز:

C- نفقات التدريب + كلفة الفرص.

وبعد أن يحلل بيكر تأثيرات مختلف العوامل التفصيلية على كلفة التعليم يصل إلى حساب حجم الأجور الإضافية التي تحصل عليها الأفراد المتعلمين في فترة عمرية معينة من خلال الصيغة الآتية:-

$$y_j = x_j + \sum_{k=0}^{k=jJ1} r_k c_k \cdot c_j$$

حيث يرمز:

Y j- حجم أجور الأفراد المتعلمين في الفترة العمرية J.

Xj- حجم أجور الأفراد غير المتعلمين في الفترة العمرية J.

CK- نفقات التدريب والتعليم في عمر K.

Cj- نفقات التدريب والتعليم في عمر k.

R k- درجة الربحية في عمرk.

**قياس العائد الاقتصادي للتعليم من خلال تأثير عنصر التقدم العلمي والتكنيكي**

لقد ظهرت هناك محاولات لقياس العائد الاقتصادي للتعليم من خلال الآثار التي يتركها التقدم الحاصل في مجال العلم والتكنيك في بنية النشاطات الاقتصادية وفي نمو الدخل القومي، ولقد ظهرت هناك اتجاهات عند بعض الاقتصاديين لا تعتمد في حساب نمو الدخل القومي على عنصر العمل ورأس المال وعوامل مباشرة تؤثر في زيادة الدخل القومي ولذلك استبعدوا في حساباتهم قياس الأثر الذي يتركه عنصر المهارة وركزوا على تحديد دور بعض العوامل غير المباشرة منها عامل التقدم العلمي

والتكنيكي وعدوا تحديد دور هذه العوامل غير المباشرة شرطا ضروريا من دونه لا يمكن أن نتوصل إلى قياس دقيق لنمو الدخل القومي ويعد نموذج م. كاليتسكي M. Kaleckiمن أبرز تلك النماذج الذي يؤكد على دور عامل التقدم العلمي والتكنيكي في نمو الدخل القومي، وهنا لا بد من التأكيد على أن التعليم يترك أثره في النمو الاقتصادي من خلال هذا العامل إذ أنه أمر طبيعي أن يكون التقدم العلمي والتكنيكي نتيجة منطقية لتأثير مختلف النشاطات التعليمية لم يعتمد كاليتسكي في حساباته للدخل القومي على تأثيرات عنصر العمل بل ركز على التأثير الذي تتركه الاستثمارات الجديدة تحت تأثير تجديد وسائل الإنتاج واعتمد أيضا على تحديد دور بعض العوامل الوسيطة التي تترك أثارا على نمو الناتج القومي واستنادا إلى الأسلوب من قبله تعتمد معرفة الأثر الذي يتركه التعليم في زيادة الناتج القومي على حل المسائل المتعلقة بحساب هذه العوامل الوسيطة وهذه العوامل هي كالآتي:

1- الأثر الذي يتركه الاستثمار.

2- الأثر الذي يتركه تجديد وسائل الإنتاج في عملية الإنتاج.

3- الأثر الذي يتركه الاندثار الطبيعي لوسائل الإنتاج.

ويرى أيضا أن حساب أثر هذه العوامل هو أمر ضروري لأية حسابات تخص نمو الدخل القومي وزيادة الناتج القومي ويعتمد كاليتسكي في حسابه لنمو الدخل القومي آخذا بنظر الاعتبار حساب اثر العوامل الوسيطة المذكورة على الصيغة الآتية:-

$$\frac{\Delta D}{D} = \frac{1}{K} \cdot \frac{1}{D} \cdot a + u$$

حيث يرمز:

D- الدخل القومي.

ΔD- الزيادة في الدخل القومي.

K- معامل امتصاصية الاستثمارات رأس المال (درجة امتصاصية الاستثمارات للأموال من اجل زيادة الأصول الثابتة ودرجة امتصاصيتها للأموال الجارية اللازمة لتشغيل تلك الأصول الثابتة الجديدة).

I- النفقات المخصصة للاستثمار .

a- معمل تناقص الدخل القومي نتيجة اندثار جزء من الطاقات الإنتاجية القائمة(أي اندثار جزء من عوامل الإنتاج).

U- معامل كفاية وسائل الإنتاج القائمة والمستخدمة فعلا قبل البدء بالاستثمارات الجديدة.

إن الجزء الأول من هذه الصيغة أي

$$\frac{1}{K}, \frac{1}{D}$$

ويخص وتيرة نمو الدخل القومي تحت تأثير الاستثمارات الجديدة (استخدام رؤوس أموال جديدة) أما الجزء الأخر من الصيغة (U+ a-) فيخص وتيرة نمو الدخل القومي تحت تأثير التغييرات في رأس المال القديم أي التغييرات في الأصول الثابتة المستخدمة في الإنتاج والمقصود بهذه التغييرات كل ما تحصل من اندثارات لوسائل الإنتاج المستخدمة نتيجة تنظيم العمل أو ما تترتب من نتائج على كفاية وسائل الإنتاج المستخدمة نتيجة نشاطات تخص صيانة وإدامة الوسائل المستخدمة نتيجة تنظيم العمل أو نتيجة نشاطات تخص صيانة وإدامة الوسائل المستخدمة واستخدام المعايير العلمية والتكنيكية اللازمة في التعامل مع الوسائل والأدوات التكنيكية المستخدمة في الإنتاج ويضاف إلى ذلك أن كل من عامل

الاستثمار $\frac{1}{K}$ وعامل الكفاية(U) يعبران عن مدى التأثير الذي تتركه وسائل الإنتاج (الجديدة منها

والقديمة)ويؤثر فيهما في الوقت نفسه التقدم العلمي والتكنيكي أي أن التقدم العلمي والتكنيكي يؤثر في الوظيفة الإنتاجية لكل منهما من خلال التحكم بمدى مساهمة كل من عاملي الاستثمار والكفاية الإنتاجية لوسائل الإنتاج في العملية الإنتاجية فتجديد وسائل الإنتاج وتغيير تكنولوجيا الإنتاج يؤثر حتما على حجم الاستثمارات في الإنتاج كما أن استخدام المعايير العلمية والتكنيكية في مجال تنظيم وإدارة النشاط الإنتاجي وفي مجال صيانة وإدامة وسائل الإنتاج المستخدمة فعلا سيؤثر في إنتاجية تلك الوسائل ويضع كل من هذين العاملين الاستثمار

وكفاية وسائل الإنتاج المستخدمة أيضا تحت تأثير نوعية وكمية العمل المستخدم في عملية الإنتاج، وبعبارة أخرى تقيس الصيغة المتبعة من قبل كاليتسكي الزيادة في الدخل القومي من خلال معرفة أثر الاستثمارات الجديدة التي تتأثر بحجم التقدم العلمي والتكنيكي ونوعية المهارات وكمية العمل المستخدمة في عملية الإنتاج ومن خلال معرفة أثر وسائل الإنتاج التي تتمثل بالأصول الثابتة القديمة والمستخدمة فعلا قبل البدء بالاستثمارات الجديدة التي هي الأخرى تتأثر بمدى استخدام التقدم الحاصل في مجال العلم والتكتيك في تسيير تلك الوسائل العملية الإنتاجية.

ولابد من التنويه هنا إلى أن أثر التقدم العلمي والتكنيكي يظهر من خلال كل العوامل الوسيطة التي يحاول كاليتسكي قياس مدى إسهام كل منها في زيادة الدخل القومي فالتقدم العلمي والتكنيكي يترك آثره في الاستثمارات الجديدة

$\frac{1}{D},\frac{1}{K}$ كما يترك أثر في حجم الاندثار الطبيعي لوسائل الإنتاج المستخدمة قبل البدء بالاستثمارات الجديدة والذي يعبر عنه بـ (a -)وأخيرا يترك أثره في مدى كفاية الوسائل القديمة المستخدمة في الإنتاج (U). إن النموذج المستخدم من قبل كاليتسكي لا ينفي إمكانية قياس دور مهارة القوى العاملة في زيادة الدخل القومي رغم تأكيده على العوامل الوسيطة، بل يرى إمكانية قياس دور مهارة القوى العاملة في زيادة الدخل القومي من خلال أحد العوامل الوسيطة وهو عامل كفاية وسائل الإنتاج القديمة المستخدمة في العملية الإنتاجية U حيث يرى أن هذا العامل يوفر لنا إمكانية قياس دور المهارة في زيادة الإنتاج وذلك لأن أثر هذا العامل يكون معزولا عن التأثيرات التي تتركها الاستثمارات الجديدة في زيادة الإنتاج كما أن وسائل الإنتاج القديمة تعمل ضمن تكنيكية مستقرة (هنا يعزل الأثر الذي يتركه تجديد وسائل الإنتاج في زيادة الإنتاج).

## -قياس العائد الاقتصادي للتعليم من خلال تأثير عنصري الادخار وترشيد الاستهلاك-

لقد بينا سابقا أن هناك علاقة وثيقة بين المستوى التعليمي للأفراد وبين مستوى الادخار أو شكل الاستهلاك عندهم وبينا أيضا أن هناك من ناحية ثانية علاقة بين معدلات الادخار ومعدلات النمو في الدخل القومي وان العلاقة بين حجم الموارد المخصصة لاستهلاك وبين حجم الموارد المخصصة للاستثمار تؤثر في معدلات النمو في الدخل القومي وهكذا فان التعليم يؤثر بصورة غير مباشرة في معدلات نمو الدخل وان العلاقة بين حجم الموارد المخصصة للاستهلاك وبين حجم الموارد المخصصة للاستثمار تؤثر في معدلات نمو الدخل القومي وهكذا فان التعليم يؤثر بصورة غير مباشرة في معدلات نمو الدخل القومي من خلال التأثيرات التي يتركها على معدلات الادخار وفي حجم الموارد التي تخصص للاستهلاك والاستثمار ولهذا تعد النماذج التي تستخدم في قياس معدلات نمو الدخل القومي استنادا إلى مؤشرات الادخار وترشيد الاستهلاك نماذج صالحة لبيان دور التعليم في النمو الاقتصادي استنادا إلى هذين المؤشرين بعد أن يحدد دور التعليم في التأثير على معدلات الادخار وشكل الاستهلاك ويتطلب هذا التحديد إجراءات دراسات تكشف عن مدى التأثير الذي يتركه المستوى التعليمي للأفراد والمجتمع في حجم الادخار وفي صيغ الاستهلاك إذ أن تحدا\يد العلاقة بين المستوى التعليمي وعنصري الادخار والاستهلاك أمر ضروري لمعرفة مدى تأثير التعليم في نمو الدخل القومي اذ من دونه لا يمكن الاستفادة من النماذج التي تستخدم في مجال قياس معدلات نمو الدخل القومي آذ من دونه لا يمكن الاستفادة من النماذج التي تستخدم في مجال قياس معدلات نمو الدخل القومي استنادا إلى عنصري الادخار وترشيد الاستهلاك، ومن بين أهم النماذج التي تستخدم في مجال قياس معدلات النمو في الدخل القومي استنادا إلى عنصري الادخار والاستهلاك نموذج هارود دومار في قياس معدلات نمو الدخل القومي اعتمادا على عنصر الادخار ونموذج (تنبرغن) في قياس معدلات نمو الدخل القومي استنادا للعلاقة بين حجم الموارد المخصصة للاستهلاك والموارد المخصصة للاستثمار وسنتطرق للعناصر التي تكون هذين النموذجين.

## -نموذج هارود- دومار-

يعتمد هذا النموذج بصورة أساسية على العلاقة التي تربط بين زيادة الناتج القومي ومعدل الادخار ويرى أن الزيادة المطلقة في الطاقات الإنتاجية تساوي أيضا حجم الاستثمارات الجديدة وان حجم الاستثمارات يساوي الادخار ويساوي أيضا معدل الادخار مضروبا بحجم الناتج القومي ويمكن التعبير عن هذه العلاقات كما يأتي:-

$$\Delta P = 1$$

$$S = 1 = R.D$$

حيث يرمز:

P- الطاقة الإنتاجية.

I- حجم الاستثمار.

S- الادخار.

R- معدل الادخار.

D- الناتج القومي.

ويرى هذا النموذج إن العلاقة بين الطاقة الإنتاجية P وحجم الناتج القومي D هي علاقة ثابتة ويعزى هذا الثبات إلى ثبات المستوى التكنولوجي والى الاستخدام الكامل للطاقة الإنتاجية وإذا رمزنا لتلك العلاقة الثابتة بـ(KR) الذي يعبر في الوقت نفسه عن معامل رأس المال فتظهر العلاقة الثابتة بين الطاقة الإنتاجية والناتج القومي كما يأتي:

$$Kr = \frac{P}{D}$$

وبتغيير العلاقة بين عناصر المعادلة تصبح:

$$P = Kr.D$$

ومادامت معامل الرأس ثابتة Kr فان أية زيادة في الطاقة الإنتاجية (وهي تعادل الادخار) تساوي الزيادة في الناتج القومي مضروبا بمعامل رأس المال:

$\Delta P=Kr.\Delta D$

$R.D=I=\Delta P$

ولما كان وبالتعويض عن $\Delta P$ $R.D$ تصبح:

$Kr\ .\Delta D=R.D$

وهكذا فان:

$$\frac{\Delta D}{D}=\frac{R}{Kr}$$

وبذلك حسب هذا النموذج فان معدل الزيادة و في الناتج القومي آت من قسمة معدل الادخار على معامل رأس المال ثابتا فان أية زيادة في الدخل القومي تعتمد على زيادة الادخار ويمكن التعبير عن هذه العلاقة من خلال الصيغة الآتية:

يعوض معامل الادخار بما تساويه من حاصل قسمة الادخار(S) على الإنتاج القوميD، إذ سبق وأن بينا أن:

$\underline{S=R.D}$

وبذلك فان:

$$R=\frac{S}{D}$$

وبذلك فان أية زيادة في الإنتاج القومي تكون ناتجة عن العلاقة الآتية:

$$\frac{\Delta D}{D}=\frac{S}{D}.\frac{1}{Kr}$$

وباختصار D من الطرفين تصبح العلاقة بين طرفي المعادلة كالآتي:

$$\Delta D=\frac{S}{Kr}$$

وبهذه الطريقة يوضح هذا النموذج دور الادخار في زيادة الناتج القومي إذ يعزى كامل الزيادة في الإنتاج القومي إلى زيادة في حجم الادخار.

## -نموذج تنبرغن-

يمكن استخدام نموذج تنبرغن J. Tinbergen للتدليل على أن ترشيد الاستهلاك كنتيجة لزيادة وعي الأفراد والمجتمع وسيؤدي إلى زيادة الإنتاج أو زيادة الدخل القومي وهنا لا بد لنا أن نؤكد على أن هذا النموذج يعطي مؤشرا عاما للدور الذي تلعبه عملية التحكم باستهلاك في سبيل توفير موارد أفضل للعمليات الاستثمارية وما تتركه تلك الاستثمارات من آثار في الدخل القومي وتبقى هناك ملاحظات يمكن أن تؤخذ على مدى دقة هذا النموذج في مجال حساب نمو الناتج القومي على الرغم من كل ما يؤخذ على هذا النموذج نستطيع أن نعده نموذجا يثير في أذهاننا مسألة دور ترشيد الاستهلاك في زيادة الناتج القومي ومن ثم تثير مسألة دور التعليم في التحكم بصيغ الاستهلاك عند الأفراد والمجتمع يرى تنبرغن أن الناتج القوميD يتكون من الناتج القومي في قطاع إنتاج السلع والخدمات الاستهلاكية (D1) والناتج القومي في قطاع إنتاج وسائل الإنتاج (D2) أي:

$$D=D1+D2$$

ويعادل تنبرغن السلع والخدمات الاستهلاكية Kبنسبة الاستهلاك(C- I) مضروبة بالناتج القومي Dأو ما يعادله(D1+D2) ويمكن التعبير عن ذلك بما يأتي:

$$K=(1-C).D=(I-C)(D1+D2)$$

أما الادخار (S) على المستوى القومي فيساوي معدل الادخار R مضروبا بالناتج القوميD أو ما يعادله (D1+D2) ويمكن التعبير عن هذه العلاقة بما يأتي:

$$S=R.D=R.(D1+D2)$$

ولما كانت السلع والخدمات الاستهلاكية (K) هي ناتج القطاع الأول D1 وبذلك يمكن التعبير على أن:

$$K=D1(I-C)(D1+D2)$$

ولما كان الادخار أيضا (S) يوجه في سبيل شراء السلع الإنتاجية التي ينتجها القطاع الثاني D2 فبذلك يمكن أن نقول أن:

S=D2=R(D1+D2)

وبقسمة العلاقة في المعادلة التي تخص K على المعادلة التي تخصS نحصل على العلاقة الآتية :

$$\frac{K}{S}=\frac{D1}{D2}=\frac{1.\ C}{R}$$

وهكذا تكون نسبة ناتج قطاع السلع والخدمات الاستهلاكية إلى ناتج قطاع الناتج وسائل الإنتاج هي كنسبة معدل الاستهلاك إلى معدل الادخار ويرى تنبرغن أن نسبة الطاقة الإنتاجية في القطاع الأول إلى الطاقة الإنتاجية في القطاع الثاني تساوي نسبة معامل رأس المال وحجم الإنتاج في القطاع الأول إلى نسبة معامل رأس المال وحجم الإنتاج في القطاع الثاني كما يرى معامل رأس المال في كلا القطاعين هما ثابتين ويمكن التعبير عن هذه العلاقة كما يأتي:

$$\frac{P1}{P2}=\frac{Kr_1\ D_1}{Kr_2\ D_2}$$

حيث أن:

**P1 ,P2** يعني الإنتاجية في القطاع الأول والثاني:Kr1,Kr2 معامل رأس المال في القطاع الأول والقطاع الثاني.

**D1,D2**- الإنتاج في القطاع الأول والقطاع الثاني وبتحقيق تنمية اقتصادية يرى تنبرغن لا بد من أن يكون معدل الادخار المخطط(R) أعلى من معدل الادخار قبل الخطة (R) كما يرى ضرورة تكريس الطاقات الإنتاجية الجديدة P لصالح قطاع إنتاج وسائل الإنتاج وان تبقى الطاقات الإنتاجية في قطاع السلع والخدمات الاستهلاكية (P1) ثابتة ويمكن التعبير عن ذلك كما يأتي:

$. R > R$

$$\frac{P1}{P.\,2} = \frac{Kr1\ D1}{Kr2\,D.\,2}$$

حيث إن P2 تعني الطاقات الإنتاجية الجديدة في قطاع إنتاج وسائل الإنتاج D2

تعني الزيادة في الإنتاج في قطاع إنتاج وسائل الإنتاج وهكذا يكون وفق هذه الصيغة أن أية زيادة في الطاقة الإنتاجية تفترض زيادة إنتاجية القطاع الثاني أي قطاع إنتاج وسائل الإنتاج ولا يتم ذلك إلا من خلال توجيه الإمكانات الجديدة لزيادة الطاقة الإنتاجية في هذا القطاع ويعني ذلك أيضا عدم توجيه إمكانات جديدة أخرى إلى قطاع السلع والخدمات الاستهلاكية وبعبارة أخرى تعني زيادة معدل الادخار وتوجيه تلك الزيادة إلى القطاع الثاني، واستنادا إلى ما تقدم ستكون الطاقة الإنتاجية للقطاع الثاني في نهاية السنة الأولى من الخطة(I P2) تساوي ما كانت عليه الطاقة الإنتاجية في بداية الخطة(P2) مضافا إليها ناتج هذا القطاع (القطاع الثاني) خلال السنة الأولى (I D2) ، ويمكن التعبير عن ذلك:

$$I\ P2 = P2 + I\ D2$$

ولما كان ناتج القطاع الثاني في السنة الأولى (I D2) آت من قسمة الطاقة الإنتاجية للقطاع الثاني (P2) على معامل رأس المال لهذا القطاع (Kr2 ) لذلك فان:

$$1D_2 = P_2 \ \ \frac{1}{Kr_2}$$

$$1P_2 = P_2 \ \ (1 + \frac{1}{Kr_2})$$

وهنا تكون الطاقة الإنتاجية لقطاع إنتاج وسائل الإنتاج في السنة الثانية من الخطة ($2p_2$) كما يأتي:

$$2P_2 = P_2 \ (1 + \frac{1}{Kr_2})^2$$

وبنفس الطريقة يمكن حساب الطاقة الإنتاجية للسنوات الأخرى وكما يمكن التعبير عن العلاقة هذه وبالتعويض عما يقابل(p1,/p2) بالصيغة الآتية:

$$\frac{P_1}{P_2\left(1+\frac{1}{Kr_2}\right)^n} = \frac{Kr_1 . D_1}{Kr_2 . D_2}$$

ومن ثم يحدد تنبرغن العلاقات التي تربط بين زيادة الإنتاج القومي والمتغيرات المرتبطة بها بالصيغ الآتية:

**أولا:** لما كان الناتج القومي والناتج في كل قطاع من القطاعين آت من:

$$D = D_1 + D_2$$

$$D_1 = \frac{P_2}{Kr_2} \qquad\qquad . D_1 = \frac{P_1}{Kr_1}$$

$$\overline{D}_2 = \frac{P_2}{Kr_2} = \frac{P_2\left(1+\frac{I}{Kr_2}\right)^n}{Kr_2}$$

لذلك يمكن وبالتعويض أن نحصل على العلاقة الآتية:

$$\overline{D} = \overline{D}_1 + \overline{D}_2$$

$$\overline{D}_1 = \frac{P_1}{Kr_1}$$

$$\overline{D}_2 = \frac{P_2}{Kr_2} = \frac{P_2\left(1+\frac{I}{Kr_2}\right)^n}{Kr_2}$$

**ثانيا:** لما كان الناتج القومي والناتج في كل قطاع من القطاعين في سنة(n) من سنوات الخطة يعبر عنه بما يأتي:

- - -

D =D1+D2

D1= P1

    Kr1

D2=P2 + P2(I+1)n         Kr1          kr1

    Kr2

118

لذلك يمكن أن نحصل على العلاقة الآتية لتحديد حجم الناتج القومي لسنة(n)

D = P1 + P2(I + 1)n

kr2 Kr2

——

Kr2

ثالثا: تظهر الزيادة في الناتج القومي خلال سنوات الخطة كما يأتي:

–

ΔD =D-D

ΔD = P1 + P2[I+ I ]n -[P1 + P2]

Kr2 Kr2 Kr1

Kr2 kr1——

ΔD = P2 [(1+ 1 ) n -I]

Kr2 kr2

وهكذا تظهر من خلال هذه الصيغة الأخيرة العلاقة بين نمو الناتج القومي ونسبة توزيع الطاقات الإنتاجية بين قطاعي السلع والخدمات الاستهلاكية (P1) وإنتاج وسائل الإنتاج (P2) إذ أنها تبين أن الناتج القومي يتزايد في حالة توجيها لادخار للاستثمار ولتجديد الطاقات الإنتاجية في قطاع إنتاج وسائل الإنتاج وبعبارة أخرى يظهر تنبوغن دور التحكم بالاستهلاك في سبيل توجيه الموارد المالية المتاحة لأغراض الاستثمار الذي يعتمد عليه كامل النمو في الناتج القومي.

## -قياس العائد الاقتصادي الفردي للتعليم-

استخدم هذا الأسلوب من قبل العديد من الاقتصاديين المهتمين بشؤون التعليم- وقد سبق إن ذكرنا بعض المهتمين بحسابات العائد الاقتصادي للفرد من التعليم في الفصل الأول، ويمكن تلخيص الخطوات التي تستخدم في حساب العائد الاقتصادي للفرد من التعليم بما يأتي:

**أولا:** حساب ما يتقاضاه الفرد الحاصل على مستوى تعليمي معين من خلال حياته الإنتاجية.

**ثانيا:** في سبيل تحديد صافي العائد الاقتصادي عن التعليم تطرح من الدخل الذي يتقاضاه الفرد خلال حياته الإنتاجية حجم النفقات التعليمية التي وجهت لأغراض تأهيلية بالمستوى التعليمي المعني.

**ثالثا:** لما كانت النفقات التعليمية التي وجهت لأغراض تأهيلية بالمستوى التعليمي الذي استخدمه الفرد في حياته الإنتاجية لا تعوض إلا في سنوات عديدة في المستقبل لذا تستحق هذه النفقات سعر فائدة تضاف إلى قيمة الأموال التي استثمرت في تعليم الطالب، وفي سبيل حساب حجم الأموال الناتجة عن سعر الفائدة لتلك النفقات الإنتاجية للفرد تستخدم الأسلوب الآتي:

$S(I+i)n$

حيث تعني:

120

S- الأموال التي أنفقت على تعليم الفرد.

I- سعر الفائدة.

n- عدد السنوات التي تستوجب حساب سعر الفائدة فيه وتعادل عدد سنوات إنتاجية الفرد.

**رابعا:** يقاس قيمة الدخل الذي يتقاضاه الفرد الحاصل على مستوى تعليمي معين خلال حياته الإنتاجية بالأسعار الحالية وتستخدم الصيغة الآتية في سبيل معرفة قيمة الأموال التي يستحصلها الفرد مستقبلا:

$$\frac{S}{(I+i)\ n}$$

حيث تعني:

S- الدخل الذي يتقاضاه الفرد خلال حياته الإنتاجية.

(I+i) - سعر الفائدة.

n - عدد سنوات العمر الإنتاجي للفرد.

**خامسا:** تقارن عادة مجموع الدخل الذي يحصل عليه الفرد الحاصل على مستوى تعليمي معين خلال حياته الإنتاجية مع مجموع الدخل الذي يحصل عليه فرد آخر خلال حياته الإنتاجية والحاصل على مستوى تعليمي آخر لبيان العائدية لكل مستوى تعليمي وبعبارة أخرى يمكن مقارنة ما يحصل عليه الفرد الحاصل على التعليم العالي من دخل خلال حياته الإنتاجية مع ما يحصل عليه فرد أخر حاصل على مستوى التعليم الثانوي لبيان الفارق بين كلا المستويين ويعد هذا الفارق هو العائدية الاقتصادية للسنوات الإضافية للتعليم كما يمكن إجراء مقارنات مشابهة بين دخول الأفراد (خلال حياتهم الإنتاجية) الحاصلين على مستوى التعليم الثانوي ومستوى التعليم الابتدائي لبيان العائدية الاقتصادية لكل منهما.

# الفصل الرابع
# الإنـفاق والكلفة في التعليم

**المحتويات**

- اتجاه الإنفاق في التعليم.
- صيغ الإنفاق في التعليم.
- مفهوم الكلفة في التعليم.
- أنواع الكلفة في التعليم.
- أساليب حساب الكلفة في التعامل.

# الفصل الرابع
# الإنـفاق والكلفة في التعليم

## -اتجاه الإنفاق في التعليم-

أدى التزايد المستمر في النفقات التعليمية خلال سنوات القرن العشرين إلى تزايد الاهتمام بموضوع الإنفاق على التعليم من قبل العديد من المشتغلين في شؤون التعليم والاقتصاد والتخطيط حيث أصبحت التخصصات الموجهة لتغطية نفقات التعليم تحتل نسبا لا يستهان بها من ميزانيات والدخول القومية لمعظم بلدان العالم.واستدلالا على ذلك يمكن الاستشهاد بما جاء في التقرير الذي أعدته منظمة اليونسكو تحت إشراف ايدجار فور حول التخصصات التعليمية في العالم حيث جاء في التقرير" إن نشر التعليم يتطلب دائما مضاعفة النفقات وقد بلغت النفقات العمومية المخصصة عام 1968للمؤسسات التربوية حوالي 132 مليار من الدولارات مقابل 54.4 في 1960-1961 ومعنى ذلك أن نسبة الزيادة بلغت مايقرب من 150 % في ثماني سنوات فقط وينبغي أن نشير إلى أن هذه الأرقام لا تشمل ما تنفقه في مجال التربية من جمهورية الصين الشعبية وجمهورية كوريا الشعبية وجمهورية الفيتنام الديمقراطية، كما أننا لم ندرج في هذه الأرقام المبالغ المرصدة في كثير من البلدان للتعليم الخاص ولا ما تتكلفه بعض الجهات الحكومية من مصاريف في ميدان التربية والتعليم كوزارة الشغل ووزارة الزراعة ووزارة الدفاع ...الخ أو ما تنفقه الهيئات العمومية كمحطات الإذاعة والتلفزيون التي لها برامج تربوية كما أننا لم ندرج في الحساب تكاليف النشاطات التربوية العديدة الخارجة عن نطاق المدرسة وعن نطاق الحكومة وهي تكاليف باهضة في كثير من الأقطار وأخيرا فإننا لم نحسب المبالغ المصروفة من طرف العائلات من أجل شراء الأدوات المدرسية ومن أجل إطعام التلامذة ولباسهم ونقلهم الخ... وإذا راعينا جميع العناصر سابقة الذكر فانه يمكن

حينئذ أن تقدر نفقات التربية في العالم بما يزيد على 200 مليار دولار سنويا، أما فيما يتصل بميزانية الدولة في حد ذاتها، فمن الملاحظ أن حصة النفقات المعتمدة للتربية والتعليم متزايدة على وجه العموم في كل ميزانية وكان التزايد من 1960- 1965، بنسبة تتراوح بين 14.5% و16.4% في أفريقيا وبين 15.6% و17.6% في أمريكا الشمالية، وبين 12.6% و15.4% في أمريكا اللاتينية، وبين 11.8% و13.2% في أوروبا والاتحاد السوفيتي، وبين 10.4% و 15.7% في أوقيانوسيا، أما على الصعيد العالمي فقد تزايدت حصة اعتمادات التربية في ميزانية الدول من13.5%في 1965 وهي تقارب اليوم 16% أما في عام 1967 فان ثمانية عشرة دولة خصصت أكثر من 20% من نفقاتها العمومية للتربية والتعليم ولم يكن عدد تلك الدول يتجاوز ستة في 1960.وهناك ظاهرة تهمنا أكثر وهي أن النفقات العمومية في حقل التعليم متزايدة بأسرع مما يتزايد به الدخل القومي الخام على الصعيد العالمي علما بأن جمهورية الصين الشعبية غير محسوبة إذا كانت نسبتها من الدخل القومي الخام 3.02% عام 1960 و4.24% عام 1968، أما بحسب المناطق فان هذه النسبة تتراوح بين3.6% ( أمريكا اللاتينية) و5.9%(أمريكا الشمالية) إن النسب التي ذكرت أنفا عن حصة النفقات التعليمية من ميزانيات الدول ودخولهم القومية بمثابة معدلات على الصعيد العالمي أو على صعيد القارات إذ أنها بنسب أعلى من ذلك على صعيد البلدان فقد تجاوزت حصة التعليم في عدد من الدول 29% وتراوحت حصة تلك النفقات نسبة 6% و3.7% من الدخول القومية لعدد كبير من البلدان وهكذا استنادا للمعطيات التي ذكرت أنفا حول زيادة الإنفاق في مجال التعليم أصبحت مسألة تحميل البلدان زيادات أخرى في تلك النفقات أمرا لا تستطيع معظم ميزانيات الدول تحملها في الوقت الذي تزداد فيه الحاجة إلى زيادة تلك النفقات لذا وأمام هذه المصاعب يتوجه العديد من الدارسين لمعالجة مسألة النفقات التعليمية في سبيل إيجاد الوسائل التي تجعل من التخصصات الموجهة للتعليم أكثر فاعلية وأكثر جدوى من الناحية التربوية والتعليمية من بين أهم ما اشتملت عليها الدراسات التي أجريت في مجال الإنفاق هي المعالجات المتعلقة بتحليل عناصر الإنفاق وتحليل مساراته وكيفية توزيع الموارد المالية المخصصة للتعليم وكيفية استغلال تلك الموارد وكذلك شملت تلك المعالجات موضوع البدائل المتاحة في المؤسسات التعليمية في تغطية جزءا من مصروفاتها وكانت المسائل المتعلقة

بأسباب ظاهرة تزايد الإنفاق من أهم المسائل التي جلبت انتباه معظم الدارسين وتعد الدراسات التي أجراها فرديرك ايدنج F.Edding إحدى أهم الدراسات التي أجريت في هذا المجال لشمولها على تحليل مسارات الإنفاق في عدد كبير من البلدان وخلال فترات زمنية طويلة تسمح بالخروج ببعض التعميمات ذات الأهمية في مجال معرفة الظروف التي تحيط بعملية الإنفاق في التعليم أو معرفة الظروف التي تحيط بعملية التحكم بالموارد المالية المخصصة للتعليم، إن المعطيات الإحصائية التي قدمها ايدنج تسمح بالخروج ببعض الاستنتاجات منها أن التعليم يأخذ بمرور الزمن حصة أكبر فاكبر من الدخول القومية لمعظم بلدان العالم ويعزو ايدنج سبب هذه الظاهرة إلى النمو الصناعي في مختلف البلدان يتزايد فيها الإنفاق على التعليم، إذ يرى إن نمو حركة التصنيع يتطلب باستمرار مهارات جديدة وقوى عاملة متدربة لتلبية الحاجات الناجمة عن التصنيع وتؤدي الحاجة للمهارات الجديدة والقوى العاملة المؤهلة إلى توسيع حركة إنشاء المؤسسات التعليمية الجديدة التي تقوم بإعداد تلك القوى العاملة بالمهارات المطلوبة يضاف إلى ذلك أن التوسع الذي حصل في مجال التصنيع أدى إلى توسع في قنوات التعليم النظامي في معظم بلدان العالم وان هذا التوسع في القنوات التعليمية أدى إلى تزايد الإنفاق على التعليم ويؤكد ايدنج في هذا المجال على أنه كلما ازدادت القنوات التي تعطى من خلالها التعليم النظامي قياسا على القنوات التي كانت موجودة سابقا اتجهت مؤشرات الإنفاق على التعليم نحو الارتفاع ويربط ايدنج هنا مسألة إمكانية التوسع في التعليم وقنواته النظامية بالإمكانات الاقتصادية للبلدان إذ يرى ان البلدان المتطورة اقتصاديا هي أكثر البلدان إمكانية في توفير نفقات تعليمية ضرورية للارتفاع بحجم ونوع التعليم اما البلدان الفقيرة حسب اعتقاده لا تمتلك المقومات الاقتصادية لتوفير النفقات التعليمية بنفس الدرجة التي تستطيع ان توافرها البلدان المتطورة وهكذا يعزو التفاوت الموجود بين البلدان في حجم التخصيصات المالية لأغراض التربية والتعليم إلى التفاوت الموجود في الإمكانات الاقتصادية المتوافرة لدى كل بلد وبذلك يجعل ايدنج نمو التعليم مشروطا بالإمكانات كما يرى أن سبب الاهتمام به يرجع لعوامل اقتصادية ويستثنى ايدنج ثلاث حالات فقط لم يكن نمو التعليم فيها لأسباب اقتصادية رغم إن العوامل الاقتصادية كانت بمثابة شروط عامة لذلك النمو وهي الحالات التي نما فيها التعليم في كل من الولايات

المتحدة الأمريكية والاتحاد السوفيتي واليابان إذ يرى ان نمو التعليم في الولايات المتحدة الأمريكية يرجع للتأثيرات التي تركتها المبادئ الديمقراطية والمبادئ الدينية التي نمت بعد الحرب الأهلية الأمريكية إذ أن قوة تلك المبادئ هي التي كانت سببا في توجيه الاهتمام إلى التعليم وتوفيره لجميع أفراد المجتمع ويرجع ايدنج سبب الاهتمام بالتعليم في الاتحاد السوفيتي إلى عوامل أيدلوجية إذ تم توجيه الاهتمام في نشر وتوسيع التعليم لاعتبارات أيدلوجية، ولذا وجهت للتعليم تخصيصات عالية قياسا على البلدان التي كانت على نفس الدرجة من التقدم الاقتصادي إما النمو السريع الذي حصل في كل مجالات التعليم في اليابان كان لأسباب سياسية تتمثل في تطلعات اليابان في أن تكون في مقدمة البلدان الآسيوية وما عدا هذه الحالات يرجع ايدنج كما أسلفنا أسباب النمو في التعليم وأسباب الزيادة في النفقات التعليمية إلى عوامل اقتصادية وخاصة إلى عامل نمو حركة التصنيع ويتفق جون فيزي من ايدنج في اعتبار العوامل الاقتصادية هي الأسباب الحقيقية التي أدت إلى ظاهرة تزايد النفقات التعليمية غير أنه يعزو تلك الأسباب ليس إلى حركة التصنيع فقط بل إلى ظاهرة أخرى وهي ظاهرة أن البلدان عندما تزداد ثرواتها سوف توجه جزءا من تلك الثروات إلى مجال التعليم إذ أن نمو دخول الأفراد يدفعهم إلى توجيه جزء من مواردهم لإشباع حاجاتهم إلى التعليم وبذلك تسمح الرفاهية الاقتصادية في توفير الإمكانات المادية لتلبية حاجات الأفراد والمجتمع في إشباع الحاجات التعليمية، إن تجربة سنوات القرن العشرين في مجال التعليم تؤكد على أن العامل الاقتصادي قد لعب دورا كبيرا في نمو التعليم ومن ثم في تزايد النفقات التعليمية في مختلف بلدان العالم غير أنه من جانب آخر لا يمكن تجاهل عوامل أخرى أسهمت في زيادة تلك النفقات كما لا يمكن تجاهل دور العوامل الاقتصادية التفصيلية الأخرى إلى جانب حركة التصنيع كما هو الحال عند ايدج، أو نمو الثروة كما هو الحال عند فيزي إذ أن التعليم قد نما بوتيرة سريعة ومن ثم تزايدت نفقاته بنفس الوتيرة العاملة الماهرة كما أن إعداد تلك القوى الماهرة أصبح شرطا لأي نمو في الثروة ولأي تطور في بنية اقتصاديات البلدان وهكذا أصبحت مسألة تخصيص تلك النفقات لمجال التعليم ضرورة تقتضيها متطلبات نمو الثروة القومية إذ أن النمو في التعليم أصبح عاملا من عوامل نمو الاقتصاد الوطني والنفقات التي توجه إليه نفقات لا بد منها لتحقيق الرفاهية الاقتصادية للمجتمع ولذلك ترى من

تجارب العديد من المجتمعات في هذا القرن أن هناك حالات متعددة تخصص فيها البلدان تخصيصات عالية للتعليم قياسا على الإمكانات الاقتصادية المتاحة لهم وذلك لرسوخ الاعتقاد بأن تلك التخصيصات العالية أمر لا بد منها في سبيل تحقيق قاعدة أفضل لأي نمو اقتصادي لا حق وهكذا لعبت جميع قطاعات الاقتصاد دورا في زيادة التخصيصات في مجال التعليم وليست حركة التصنيع وحدها كما هو الحال عند فردريك ايدنج ، كما أن هناك تفاعل بين نمو التعليم والرفاهية الاقتصادية على العكس مما تصور جون فيزي بتبعية النمو في النفقات التعليمية لزيادة الرفاهية الاقتصادية إذ يسهم التعليم في النمو الاقتصادي ويصبح تزايد النفقات التعليمية أحد مستلزمات الرفاهية الاقتصادية وعنصرا لا يمكن تجاهله بغض النظر عن المستوى المتحقق من النمو الاقتصادي ومن جانب آخر فان أي نمو في الاقتصاد الوطني سيوفر إمكانات أفضل لزيادة النفقات التعليمية وهكذا فهناك ترابط عضوي بين النمو الاقتصادي والنمو في التعليم لا يمكن معارضة أحدهما بالآخر، ولقد ذكرنا قبل حين بأنه لا يمكن ان تعزى الزيادة في النفقات التعليمية خلال سنوات القرن العشرين للأسباب الاقتصادية فقط والتي أكد عليها كل من ايدنج وفيزي إذ أن هناك مجموعة أخرى من العوامل أسهمت في زيادة الإنفاق على التعليم إلى جانب العامل الاقتصادي الذي سبقت الإشارة إليه من أهم هذه العوامل وهي ما يأتي:

**أولا:** يعد التزايد المستمر للنمو الطبيعي للسكان في مختلف بلدان العالم وخاصة البلدان النامية أحد أهم الأسباب التي أدت إلى زيادة الإنفاق في مجال التعليم حيث أدت الزيادة المستمرة لإعداد الأطفال الذين هم في سن التعليم إلى توسع الحاجة بصورة مستمرة في إنشاء المؤسسات التعليمية والتربوية في سبيل استيعاب الأعداد المتزايدة باستمرار للأطفال بمرور الزمن، وهكذا أدت هذه الظاهرة إلى توسع كبير لمختلف مراحل التعليم ومختلف قنواته وما ترتبت على ذلك من زيادة في النفقات التعليمية والحاجة إلى زيادات مستمرة في تلك النفقات مع مرور الزمن.

**ثانيا:** الاتجاه إلى تخفيض عدد الطلبة في الصف الدراسي الواحد وما ترتب على ذلك من تخفيض عدد ما يصيب المعلم الواحد من الطلاب في سبيل تلبية المواصفات النوعية الجديدة في التعليم وبذلك أدت هذه الظاهرة في الواقع العملي إلى الحاجة في زيادة

إعداد المعلمين لتلبية هذه المتطلبات الجديدة في العملية التعليمية والتربوية إلى جانب الحاجة المستمرة لزيادة إعدادهم في سبيل تلبية الحاجة إليهم نتيجة تزايد عدد الطلبة الداخلين لمختلف مراحل التعليم ومختلف قنواته وقد ترتبت على هذه الظاهرة زيادة في النفقات التعليمية في مختلف بلدان العالم لتغطية النفقات المطلوبة لإعداد الكوادر التعليمة الإضافية في سبيل الحاجة للتحسين النوعي لمستوى التعليم.

**ثالثا:** يعد الاتجاه نحو التحسين المستمر لنوعية مهارة الكادر التعليمي والإداري للمؤسسات التعليمية من العوامل التي كانت خلف الزيادة في النفقات التعليمية خلال سنوات القرن العشرين إذ أصبحت مسألة التغيير المستمر في طبيعة إعداد الكادر التعليمي نوعيا، ومسألة إعادة تدريبهم في إثناء الخدمة إحدى المستلزمات الضرورية للإصلاحات التعليمية ولتطويع وظائف مؤسسات التعليم للمتغيرات التي تحصل في مجال الثقافة والفكر والاقتصاد وغيرها من مجالات النشاط الإنساني في المجتمع.

**رابعا:** ومن العوامل التي أسهمت في زيادة الإنفاق في مجال التعليم الحاجة المستمرة لتغيير مواصفات الأبنية المدرسية وعدم صلاحية و النماذج القديمة للمتطلبات التربوية والتعليمية سواء من الناحية التربوية البحتة أم من حيث صلاحية تلك الأبنية من النواحي الصحية والإجمالية والاجتماعية ولذلك شهدت سنوات القرن العشرين تغيرات جوهرية في البناء المدرسي حيث هرت الحاجة للأبنية التي تحتوي على قاعات وملاحق تخدم مختلف أغراض النشاطات الصفية واللاصفية والنشاطات التطبيقية والإنتاجية كالملاعب وقاعات للرياضة الشتوية ومسارح ومختبرات و ورشات عمل وحقول زراعية وغيرها من مستلزمات مختلف صيغ تنظيم النشاطات الفردية والجماعية في العملية التعليمية والتربوية وفي هذا الصدد يمكن الاستشهاد بتقرير فور سابق الذكر والذي يتعرض فيه للاتجاه العام في تغيير الهندسة المعمارية المدرسية في مختلف بلدان العالم حيث يرى أنه لم يعد يشترط في الرقعة المخصصة للتدريس أن تتسع لثلاثين أو أربعين تلميذا وقد أنشئت مدارس وتيرة على طراز جديد ومبتكر من حيث الهندسة المعمارية ومن ذلك أن المكان المخصص للتدريس صار يستعمل استعمالات متعددة يفضل ان يقام فيه حواجز

متنقلة أو ما يمكن أن يضاف إليها من حجرات بحيث تتسع للمجموعات الكبرى والصغرى وتلائم في نفس الوقت التعليم الفردي ويوجد في المدارس الحديثة قاعات فسيحة مخصصة للمناقشات وقاعات كبيرة للمطالعة وهكذا تحولت المؤسسة المدرسية إلى ناد ومعمل ومركز للتوثيق والمطالعة ومختبر وقاعة للاجتماع وعلى وجه العموم فان تجميع الطلبة في المكان وتوقيت الزمان المدرسي وتوزيع الأساتذة وتوفير الإمكانيات المادية، وكل ذلك اخذ يسير بالمدرسة نحو التبدل والمرونة تبعا للتطور الاجتماعي والتقني.

**خامسا:** ومن عوامل زيادة الإنفاق في مجال التعليم الحاجة المزايدة إلى استخدام وسائل تعليمية جديدة وإدخال الأساليب التكنولوجية في التعليم في سبيل زيادة فاعلية الطرق التعليمية المستخدمة وفي سبيل تحقيق نتائج تعليمية أفضل قياسا على الأساليب والطرق والوسائل التعليمية التقليدية وتعد هذه التغيرات النوعية في بنية الطرق التعليمية وفي بنية الوسائل التعليمية المساعدة وكذلك الاستخدام الواسع لمعطيات التقدم التكنيكي في مختلف مؤسسات التعليم وخاصة في مؤسسات التعليم العالي أهم الأسباب التي جعلت من النفقات التعليمية في ان تسجل زيادة مستمرة مع مرور الزمن وخاصة في سنوات النصف الثاني من القرن العشرين قياسا للفترة السابقة لها.

**سادسا:** لقد رافقت التوجه العام في التوسيع في مجال الدراسات العلمية والتطبيقية زيادة في الإنفاق إذ تطلب هذه الدراسات العلمية والتطبيقية وخاصة في مرحلة التعليم العالي نفقات إضافية تفوق بكثير نفقات الدراسات الإنسانية حيث تظهر الحاجة إلى موارد مالية لتغطية نفقات الدراسات الإنسانية حيث تظهر الحاجة إلى موارد مالية لتغطية نفقات التجارب العلمية أو لتغطية إنشاء الو رشات والحقول والمنشات الضرورية للنشاطات التعليمية ومما يزيد الإنفاق في هذا المجال هو تزايد المطالبة بضرورة نقل هذا النوع من التنظيم للعملية التعليمية والتربوية إلى المرحل الدنيا إلى مرحلة التعليم الابتدائي والثانوي وان مسألة التأكيد على هذا النوع من التنظيم للنشاطات التعليمية والتربوية من قبل معظم مجتمعات العالم قد أدى ويؤدي إلى زيادة الإنفاق في مجال التعليم.

**سابعا:** ومن العوامل الأخرى في زيادة حجم الإنفاق في التعليم التوسع في نشاطات المؤسسات التعليمية كالنشاطات اللاصفية والترفيهية والنشاط في الوسط الاجتماعي والعديد من المهام المدرسية الأخرى التي لم تكن موجودة سابقا كإعطاء المدرسة وجبات طعام للطلبة أو تخصيص منح ومساعدات مالية للطلبة وتخصيص أماكن لإسكانهم أو قيام المدرسة بنقل التلاميذ من المدرسة واليها أو تحمل المدرسة نفقات الرعاية الصحية لتلامذتها أو تحمل نفقات الكتب والمستلزمات التعليمية الأخرى وغيرها من النفقات التفصيلية الأخرى التي تدخل في مجال الخدمات التي تقدمها مؤسسات التعليم سواء للطلبة أم للمحيط الاجتماعي.

**ثامنا:** شهدت سنوات القرن العشرين لأسباب اجتماعية وعلمية واقتصادية وثقافية و توسعا كبيرا في مجال التعليم العالي إذ نمت الجامعات الموجودة واستخدمت في عديد من البلدان التي لم تمتلك مؤسسات تعليمية عالية سابقا جامعات جديدة كما حصل في الوقت نفسه توسع كبير في مجال استيعاب الجامعات ومعاهد التعليم العالي للطلبة وازدادت نسبة الشباب الذين هم في الفئة العمرية المقابلة للتعليم العالي في الحصول على مقاعد والاستمرار في التعليم في هذه المرحلة إن هذا النمو الكبير في مؤسسات التعليم العالي وما تتطلبه مستلزمات التعليم في هذه المرحلة من نفقات تفوق مستلزمات التعليم في المراحل الأخرى ، أدى عمليا إلى زيادة ملحوظة في التخصيصات الموجهة للتعليم، وهكذا كان لنمو التعليم العالي في العقود السابقة دورا كبيراً في زيادة الإنفاق في مجال التعليم.

**تاسعا:** التغييرات المستمرة التي تنجري في بنية النظم التعليمية والتوسع الكبير في قنوات التعليم النظامي والزيادة الملحوظة في عدد أيام السنة الدراسية و وعدد ساعات اليوم الدراسي، كل ذلك كانت عوامل ذات تأثير كبير في زيادة الإنفاق في مجال التعليم إذ أن الإصلاحات والتغييرات البنيوية في النظم التعليمية أدت في الحقيقة إلى إلغاء كثير من الجوانب الهيكلية للبنى التعليمية و السابقة وإبدالها بعناصر أخرى وترتبت دائما على هذا النوع من الإصلاحات تغييرات مناسبة في بنية وظيفة كل النظام التعليمي نظرا للعلاقات والتأثيرات المتبادلة التي تربط بين

كل عناصر النظام التعليمي وهكذا ترتبت على تلك الإصلاحات والتغييرات النوعية تكاليف لا يستهان بها من الناحية الاقتصادية سواء تمثلت بتكاليف البحوث والدراسات والمشاريع الضرورية لتلك التغيرات أو بالتكاليف الخاصة لتغطية متطلبات الإصلاح في النظم التعليمية التي تتمثل بتكاليف الأبنية المدرسية وتكاليف المستلزمات والوسائل التعليمية في مختبرات و ورشات عمل وحقول زراعية وتكاليف لتغطية مختلف أوجه النشاط التعليمي والتربوي وتكاليف إعادة تدريب الكادر التعليمي والإداري وتكاليف لتغييرات التي تجري في معاهد إعداد المعلمين إضافة إلى النفقات التي نتجت عن الاستغناء عن القيمة الاقتصادية للعناصر السابقة للنظام التعليمي التي أجرى عليها الإصلاح والتغيير.

**عاشرا:** يضاف إلى ماسبق من العوامل التربوية والتعليمية التفضيلية التي أدت إلى زيادة النفقات التعليمية فقد ازدادت تلك النفقات لأسباب واعتبارات سياسية وإنسانية حيث شهدت السنوات التي تلت الحرب العالمية الثانية نموا واتعاظا لحركة التحرر القومي في معظم بلدان العالم وأصبحت شعارات النمو الثقافي والتوسع في التعليم وإجراء إصلاحات تعليمية تستجيب للمطامح القومية للبلدان التي أحرزت استقلالها وتحررها جزءا من البرامج السياسية للحركات التحرر والاستقلال في هذه البلدان ومن جانب آخر نرى ان معظم البلدان المتطورة أيضا قد وجهت اهتماما متزايدا نحو ديمقراطية التعليم وتحديث برامج التعليم وإجراء إصلاحات تعليمية لاعتبارات سياسية حيث ركزت برامج الحكومات والأحزاب السياسية الحاكمة والمعارضة على الإجراءات التي تمكن من توسيع ديمقراطية التعليم وكذلك التي تسمح من إجراء تغييرات في التعليمية وفي برامج وأساليب التعليم أو في بنية النظم التعليمية وهكذا نرى أن الاعتبارات السياسية والإنسانية قد لعبت دورا كبيرا إلى جانب العوامل الأخرى في زيادة الإنفاق في مجال التعليم.

**إحدى عشرة:** وتدخل العوامل الاجتماعية المتمثلة بتزايد الحاجة الاجتماعية للأفراد والمجتمعات إلى التعليم إذ لعبت دورا كبيرا في زيادة الإنفاق في مجال التعليم إذ لعبت التغييرات الاجتماعية الكبيرة التي حصلت في بنية العلاقات الاجتماعية

لمختلف مجتمعات العالم دورا في تحول نظرة أفراد المجتمع للتعليم وأصبح التعليم في المجتمع المعاصر يعد جزءا من الحاجات الأساسية للأفراد ولم يكتف أفراد المجتمع بالمستويات التعليمية أو بنوعية التعليم التي تعطيها المؤسسات التعليمية بل لم يرتض بالقنوات التعليمية التقليدية بسبب تخلفها في تلبية المطامح المتصاعدة لإبناء المجتمع ولذلك كله اخذ المجتمع يبحث عن صيغ ومجالات جديدة للتعليم لم تكن موجودة سابقا كاعتبار النشاطات الترفيهية جزءا من البرامج التعليمية أو تنظيم مختلف صيغ النشاطات التعليمية اللاصفية كتنظيم التعليم في ورشات العمل أو حقول زراعية أو مؤسسات إنتاجية والى غيره من النشاطات التعليمية التي تنظم خارج الصف بل خارج حدود المدرسة وهكذا لعب النمو الثقافي وتطور العلاقات الاجتماعية دورا فعالا في تغيير النظرة إلى التعليم وتنمية الحاجات الاجتماعية للأفراد والمجتمع للمستوى ونوع التعليم المطلوب وأدت هذه المطاليب الجديدة للأفراد والمجتمع عمليا إلى توجيه كميات أكبر من الموارد المالية للتعليم في سبيل تغطية نفقات المجالات الجديدة التي استحدثت أو لتغطية نفقات عمليات التجديد في صيغ وتنظيم التعليم.

**اثنتا عشرة:** لقد ازدادت النفقات التعليمية نتيجة الزيادة المستمرة لأجور ومكافآت العاملين في قطاع التعليم إذ شهدت سنوات القرن العشرين زيادة مستمرة لأجور الهيئات التعليمية لأسباب متعددة منها زيادة قناعة المجتمع بان للمستوى المعيشي للهيئات التعليمية اثر فعال في مستوى ونوعية التعليم يضاف إلى ذلك أن الزيادة التي حصلت في مستوى أجور العمل في القطاعات الأخرى كان عاملا آخر لزيادة أجور العاملين في قطاع التعليم، بسبب هجرة العديد من الكفاءات التعليمية إلى مجالات عمل أخرى ذات مستوى أجور عالية لقد أدت هذه الظاهرة إلى زيادة أجور العاملين في قطاع التعليم كي يوازي مستوى الأجور في هذا القطاع مستوى الأجور في القطاعات الأخرى منعا من تسرب القوى العاملة من قطاع التعليم للقطاعات الأخرى والخيرات كانت للزيادة الحاصلة في مستوى أسعار المواد والوسائل المعيشية وانخفاض قيمة النقد نتيجة

للتضخم المالي دورا في زيادة أجور العاملين والتي تشكل جزءا كبيرا من النفقات التعليمية خلال سنوات القرن العشرين.

**ثلاثة عشرة:** تعد الزيادة التي حصلت في أسعار الكثير من المواد والأدوات والسلع المستخدمة في مجال التعليم من العوامل الحاسمة في زيادة حجم الإنفاق في مجال التعليم إذ شهدت أسعار مختلف المستلزمات الجارية والرأسمالية زيادة مستمرة نتيجة للتضخم النقدي أو نتيجة العوامل التي تتعلق بالتجديد التكنولوجي أو تغيير المواد الأولية وغيرها إن العوامل خلال السنوات الأخيرة وترتب عمليا على تلك الزيادة في الأسعار تخصيص موارد مالية أكثر لتغطية نفقات المستلزمات التي تستخدم في مجال التعليم، إن ظاهرة التزايد المستمر للنفقات التعليمية في معظم بلدان العالم لن تحدث ضمن ظروف تلائم طبيعة النمو الاقتصادي والاجتماعي والسكاني لمختلف بلدان العالم ويمكن تحديد بعض المظاهر الآتية التي ترافق الإنفاق على التعليم في مختلف بلدان العالم.

**المظاهر الأول:** إن نسبة الدخل القومي المخصصة للتعليم في البلدان المتطورة تتقارب أو تنخفض عن نسبة الدخل القومي المخصصة للتعليم في البلدان النامية وهنا لا بد من التأكيد على أن هذه الظاهرة يجب أن لا توهم القارئ والباحث بأن البلدان المتطورة تجعل من تلك النسب عبارة عن حجم كبير من الموارد المالية التي لا يمكن مقارنتها بحجم التخصيصات الموجهة للتعليم في البلدان النامية وبالمقابل إن التخصصات التي تحتل نسبا كبيرة من حجم الدخول القومية في العديد من البلدان النامية لا تعني في واقع الأمر مقدارا كافيا لتغطية متطلبات الإنفاق على التعليم بسبب ضآلة حجم الدخول القومية في تلك البلدان وضخامة الحاجة إلى توسيع التعليم ونوعيته وهكذا فان ما تحتله التخصيصات المالية للتعليم من نسب في حجم الدخول القومية لمعظم بلدان العالم لا تكون بمثابة دلالات ذات مغزى كبير في تحديد حجم الإنفاق مالم ترتبط تلك النسب بتحديد لحجم الدخول القومية في تلك البلدان ولذا لا بد من التعامل بشيء من الحذر مع النسب التي تحتلها التخصيصات الموجهة

للتعليم من الدخول القومية عند صياغة بعض الأحكام العامة في مجال التوسيع في الإنفاق على التعليم في مختلف بلدان العالم.

**المظهر الثاني:** ترافق النمو السريع في الاقتصاد المتطور ظاهرة انخفاض مستمر في نسبة حجم التخصيصات الموجهة للتعليم قياسا على حجم الدخول القومية مقارنة بنسبة حجم التخصيصات الموجهة للتعليم قياسا على حجم الدخول القومية مقارنة بنسب تلك التخصيصات في السنوات التي سبقتها مع العلم أن الحجم المطلق لتلك التخصيصات في زيادة مستمرة سنويا ويرجع تفسير هذه الظاهرة إلى حقيقة تخص طبيعة النشاطات التعليمية التي تتصف بعدم إمكانيتها في الاحتواء السريع على التغيرات التكنولوجية مقارنة بالمؤسسات الإنتاجية التي تتصف بقابليتها في استيعاب واحتواء التغييرات السريعة التي تحدث في مجال التكنيك وفي مجال تكنولوجيا الإنتاج وترجع هذه الخاصية في النشاطات التعليمية إلى ميل مؤسسات التعليم للاستقرار النسبي في نشاطاتها كي تستطيع هذه المؤسسات من تحقيق الأهداف التربوية والتعليمية التي تواجهها إذ ان طبيعة تلك الأهداف تفرض على المؤسسات التعليمية تحقيقها على مدى سنوات عديدة ضمن خطط وبرامج تعد سلفا وهكذا فان تغيير تلك الأهداف بوتائر توازي وتائر التغيير في التكنيك أمر لا يمكن تحقيقه في التعليم إذ يعرض أي تغيير سريع للأهداف التعليمية العلمية للإرباك والفوضى وبذلك يتعذر على مؤسسات التعليم من تحقيق الأهداف التعليمية والتربوية المناطة بها بصور مثلى وخاصة إذا علمنا إن الأهداف التربوية والتعليمية لا يمكن تحقيقها دفعة واحدة بل تتحقق عبر سلسلة من النشاطات المترابطة فيما بينها والتي تحتاج إلى فترات زمنية تطول أو تقصر حسب طبيعة الهدف التربوي أو التعليمي وهكذا تحد هذه الخاصية للنشاطات التعليمية من إمكانية توظيف موارد مالية بصورة متزايدة وسريعة في مجال التعليم مقارنة بالمؤسسات الاقتصادية والاجتماعية الأخرى إذ ان محدودية طاقة المؤسسات التعليمية في اجراء محدودية طاقة المؤسسات التعليمية في إجراء تغييرات نوعية في بنية نشاطاتها تؤدي إلى عدم إمكانية هذه المؤسسات من مجاراة المؤسسات الأخرى في توسيع تخصصاتها وخاصة إذا علمنا أن حاجة التعليم للموارد المالية

في البلدان المتطورة تنحصر في الحاجة إلى تحسين نوعية التعليم، إذ لا تواجه هذه البلدان مشكلة التوسع الكمي في حجم التعليم حيث حققت جميع هذه البلدان نشر التعليم الإلزامي على مستوى التعليم الابتدائي والثانوي تقريبا عكس ماهو موجود في البلدان النامية التي تستطيع استيعاب المزيد من الموارد المالية في سبيل التوسع الكمي للتعليم.

**المظهر الثالث:** يؤدي انخفاض معدلات النمو الطبيعي للسكان في البلدان المتطورة إلى زيادة فاعلية الموارد المالية المخصصة للتعليم إذ توجه تلك التخصصات لتحسين الجوانب النوعية للنشاطات التعليمية على العكس مما يرى في البلدان النامية إذ تمتص المعدلات المرتفعة للنمو الطبيعي للسكان وبالتالي المعدلات المرتفعة للتسجيل في مؤسسات التعليم أية زيادة في تخصيصات التعليم وهكذا يوجه باستمرار معظم الزيادات التي تحصل في تخصيصات التعليم، في تلبية التوسع الكمي وتبقى الجوانب النوعية للتعليم متخلفة بسبب عدم توافر موارد مالية كافية لتغطية التغييرات الضرورية لتحسين نوعية النشاطات التعليمية وتحسين الوظائف النوعية لمؤسسات التعليم.

**المظهر الرابع:**إن التزايد المستمر للتضخم المالي يؤثر في فاعلية الزيادات تحصل في النفقات المخصصة للتعليم إذ يمتص التضخم المالي نسبا لا يستهان بها من حجم تلك الزيادات ولذا يجب ألا ينظر للزيادات التي تحصل في حجم التخصصات في مجال التعليم بمعزل عن نسبة التضخم المالي السنوي في كل بلد من البلدان فلن يكون للزيادات التي تحصل في حجم التخصصات المالية الموجهة للتعليم مغزى من الناحية العملية إذ لم تتفق تلك الزيادات في حجم تخصصات الزيادات في نسب التضخم المالي.

## -صيغ الإنفاق في التعليم-

يميز شكلان من أشكال الإنفاق في التعليم غالبا والشكل الأول يتمثل بنفقات النشاطات التعليمية أي نفقات العمل الموجه للعملية التعليمية، والشكل الثاني يتمثل

بالنفقات المادية التي ترتبط بالعمل الموجه والمبذول في العملية التعليمية وفيما يأتي تعريف بخصائص كل شكل من هذين الشكلين.

-نفقات العمل: وهي النفقات التي تغطي كمية ونوعية العمل المبذول من قبل الطلبة في النشاطات التعليمية وهكذا يمكننا تمييز نوعين من نفقات العمل:

## أ-نفقات عمل الطالب:

ويقصد بنفقات التي ترتبط بالنشاطات الضرورية للمتعلمين بعد النظر عن صيغة التعلم أي بغض النظر عن صيغة التعلم أي بغض النظر فيما إذا كانت هذه النشاطات نشاطات خاصة بالتعلم الذاتي أو نشاطات تعليمية للأفراد ضمن المؤسسات التعليمية ومما هو جدير بالأهمية الإشارة إلى وجود صعوبة كبيرة في قياس حجم العمل الخاص بالطالب أو تقويم قيمة هذا العمل في كلتا الحالتين إذ ان كمية الجهد المبذول من قبل الطالب للتزود بمعرفة ما أو لاكتساب مهارة أو خبرة معينة تعتمد عمليا على الخصائص الفردية للمتعلمين وعلى عوامل بايولوجية واجتماعية يصعب غالبا تحديدها يضاف إلى ذلك أن تحديد كمية العمل المبذول أو تقويم عمله المبذول في النشاطات التعليمية لا يلعب دورا كبيرا في عملية تمويل النشاطات التعليمية حيث ان الجهود المبذولة من قبل الطالب في العملية التعليمية لا تقابلها أجور معينة وان مجال الاستفادة من تحديد كمية وقيمة العمل الذي يبذله الطالب في النشاطات التعليمية ينحصر في مجال حساب الموارد الضائعة والتي تعد نفقات من نوع خاص ترتبط بعمل الطالب التي كان بإمكان الفرد أن يحصل عليها في أعمال تتقارب الجهود التي تبذل فيها من الجهود المبذولة في أثناء عملية تعلم الطالب.

## ب- نفقات عمل المعلم

إن نفقات عمل المعلم هي النفقات التي تتعلق بأجور العاملين في المؤسسات التعليمية أو أية نفقات أخرى تتعلق بعمل المعلم ويعد تحديد هذه النفقات أمرا ضروريا لتحديد حجم الإنفاق على التعليم ولأي نشاط يتعلق بكيفية ترشيد الإنفاق والتحكم به وكذلك يعد تحديدها أمرا ضروريا للإجراءات المتعلقة بحساب عناصر الكلفة التعليمية سواء على صعيد ميزانيات المؤسسات التعليمية أم على صعيد ميزانيات البلدان.

## - النفقات المادية-

وتشمل النفقات المادية نفقات المواد والوسائل ذات الاستخدام القصير، مثلا: نفقات المواد القرطاسية والمواد التي تستخدم في المختبرات ونفقات استخدام الطاقة الخ ونفقات استخدام واستهلاك الوسائل الثابتة كنفقات الأبنية ونفقات الوسائط والآلات ذات الاستخدام الطويل، ويمكننا هنا أيضا تمييز نوعين من هذه النفقات المادية:

أ-**النفقات المادية** التي ترتبط بعمل الطالب وتشمل على نفقات المواد والوسائل والخدمات التي تستخدم من قبل الطالب بصورة رئيسة نفقات المواد المختبرية ونفقات الوسائل التعليمية والتكنيكية التي تستخدم من قبل الطالب أو نفقات إسكان، وإطعام ، ونقل الطلبة، والنفقات المادية التي ترتبط بالنشاطات العلمية والترفيهية والاجتماعية للطلبة وكذلك جزء من نفقات الأبنية المدرسية والخ.

ب-**النفقات المادية** التي ترتبط بعمل المعلم وتشمل على النفقات التي ترتبط مباشرة بنشاط المعلم العلمي والتعليمي كنفقات البحوث العلمية والمختبرية أو جزء من نفقات المكتبات أو نفقات إسكان أعضاء الهيئة التعليمية أو نفقات المراكز الثقافية والترفيهية لأعضاء الهيئة التعليمية أو نفقات الأثاث والأدوات التي تستخدم من قبل المعلم والى أخرها من النفقات التفصيلية التي توجه إلى مواد أو خدمات تستفيد منها الهيئة التعليمية مباشرة.

غير أنه هناك في الواقع العملي نفقات مادية ترتبط بعمل المعلم والطالب معا، فمثلا النفقات المادية الخاصة بالأبنية المدرسية أو المكتبات العلمية والمختبرات أو الوسائل التعليمية فجميعها نفقات ترتبط مباشرة بعمل المعلم والطالب معا.

## -مفهوم الكلفة في التعليم-

يقصد بالكلفة التعليمية المقياس لما ينفق فعلا من موارد مالية على مواد أو خدمات تستهلك أو تتم الاستفادة منها في مدى زمني قصير أو بعيد في العملية التعليمية والتربوية في سبيل تحقيق ناتج تعليمي معين وبذلك يصبح هذا المقياس كلفة التعليم احد عناصر المدخلات التعليمية التي ترتبط ارتباطاً وثيقا بناتج العملية التعليمية سواء من الناحية الكمية المتمثلة بعدد المتخرجين أو من الناحية النوعية التي تمثل بمستوى ونوع

المعارف والمهارات والخبرات المكتسبة من قبل الطلبة والتي توجه في سبيلها تلك الموارد المالية المنفقة في العملية التعليمية والتربوية وتستند الكلفة التعليمية غالبا إلى الطالب فيقال كلفة الخريج ففي الحالة الأولى لا تقتصر الكلفة إلا على كلفة الطالب في سنة دراسية واحدة في مرحلة تعليمية معينة كأن يقال كلفة الطالب في الصف الثالث الابتدائي أو في الصف الرابع الإعدادي أو في السنة الأولى في معهد أو كلية ما أما الكلفة في الحالة الثانية فتشمل كلفة جميع السنوات الدراسية اللازمة لإنهاء مرحلة دراسية معينة كأن يقال كلفة خريج المرحلة الابتدائية أو خريج المرحلة الإعدادية أو خريج معهد عال أو كلية ما، وفي كلتا الحالتين تحتوي كلفة التعليم على مجموعة من العناصر المشتركة كاشتمالها على المصروفات الجارية أو نفقات الأدوات والمستلزمات الثابتة ويختلفان فقط من حيث المدى الزمني إذ تشمل الأولى كما أسلفنا على سنة دراسية واحدة أما الثانية فتشمل على سنوات المرحلة بأملها وقد تستند في حالات خاصة الكلفة التعليمية لساعة دراسية واحدة كأن يقال كلفة الطالب في ساعة دراسية في سنة دراسية ما أو تستند الكفة إلى مادة دراسية في سنة دراسية معينة وفي الواقع أن هذين النوعين من الكلفة صيغتان تفصيليتان لكلفة الطالب في سنة دراسية وتشمل الكلفة في التعليم كما هو الحال في المجالات الأخرى على كلفة الطالب في سنة دراسية وتشمل الكلفة في التعليم كما هو الحال في الكلفة في المجالات الأخرى على كلفة العمل الحي المبذول في النشاطات التعليمية كالنفقات التي تغطي أجور الهيئات التعليمية أو أجور العاملين في شؤون الإدارة والتنظيم أو العاملين في شؤون الخدمات الأخرى الضرورية للعملية التعليمية وكلفة المواد والمستلزمات المادية التي تستخدم في النشاطات التعليمية أو في النشاطات التكميلية في الإدارة والخدمات كالنفقات التي تغطي مختلف المواد الاستهلاكية في التعليم أو نفقات الأبنية والمعدات الثابتة ويخدم حساب وتحليل كلفة الأغراض الاقتصادية والتربوية الآتية:

**أولا:** يخدم حساب وتحليل عناصر الكلفة إمكانية تقدير الكفاءة الاقتصادية للنشاطات التعليمية في مختلف مؤسسات التعليم حيث يوفر لنا إمكانية تقدير قيمة النتائج الاقتصادية المترتبة على النفقات التعليمية في فترات زمنية مختلفة ومعرفة مدى تحقيق الموارد المالية المنفقة على النشاطات التعليمية الأغراض التي وجهت من

أجلها ويعد حساب عناصر كلفة التعليم أحد الشروط اللازمة لتقدير النتائج الاقتصادية المترتبة على النشاطات التعليمية.

**ثانيا:** يخدم حساب وتحليل عناصر الكلفة مسألة جمع المعلومات عن النفقات الفعلية في التعليم والاستفادة من تلك المعلومات في سبيل تحقيق أفضل إمكانات السيطرة على تلك النفقات وتوجيهها بصورة أكثر عقلانية من الناحية الاقتصادية والتربوية إن حسابات الكلفة في التعليم أمر ضروري نظرا للنمو الكبير الذي يشهده حقل التعليم وما يرافق هذا النمو من توسع في النفقات التعليمية إذ يوفر تحليل عناصر الكلفة وحسابات تلك العناصر أداة فعالة في كيفية التعامل مع تلك النفقات وكيفية استغلالها ضمن الظروف الخاصة التي تحيط بالنشاطات التعليمية وبالتالي ضمن الظروف الخاصة للنشاطات الاقتصادية في مجال التعليم حيث يتوجب هنا توجيه النفقات التعليمية بصيغ تتفق والأغراض التربوية مع مراعاة الموقف الاقتصادي في استغلال تلك الموارد المالية وهنا لا بد من التنويه على أن الكلفة في التعليم لا يمكن إخضاعها للحسابات الاقتصادية البحتة في الكلفة كما هو الحال في مجالات الإنتاج حيث تتطلب المعايير الاقتصادية التي تستند إليها الحاسبات الاقتصادية للكلفة في مجال الإنتاج المادي أو إنتاج الخدمات المادية تقليل الكلفة باستمرار من اجل تحقيق مستويات نوعية أفضل من التعليم غير أن المطالبة بزيادة حجم الكلفة لا تعني عدم إمكانية استغلال تلك النفقات بأفضل صيغ ممكنة في سبيل الحصول على أقصى النتائج التي يمكن أن تحققها تلك النفقات في هذا الاختلاف بين طبيعة العمليات التربوية وطبيعة العمليات الاقتصادية.

**ثالثا:** تعتمد الدراسات والمعالجات التي تجري في مجال معرفة التغييرات التي تحدث في الظروف المادية والاجتماعية للنشاطات التعليمية على النتائج التي تعطيها حسابات الكلفة حيث يمكن أن تكون تلك النتائج بمثابة مؤشرات عامة تفسر مدى النجاح الذي يتم تحقيقه في مجال تحسين شروط النشاط التعليمي والتربوي حيث يمكن أن تعطي التغييرات التي تحصل على حجم الكلفة التعليمية مؤشرا على مدى تطور العملية التعليمية غير أنه لا بد من التنويه إلى ضرورة التعامل بحذر مع هذا

الموضوع إذ لا يرافق زيادة الكلفة تحسنا في مستوى وتوزيع التعليم في كل الأحوال حيث أن هناك حالات تزداد فيها كلفة مع بقاء مستوى نوعية التعليم دون تغيير.

**رابعا:** تخدم حسابات الكلفة أغراض التخطيط في مجال نمو التعليم حيث توافر إمكانية تخمين الموارد المالية الضرورية لتحقيق أهداف الخطط حيث تكون الكلفة مؤشرا صالحا لمعرفة ما يمكن تحقيقه من تغييرات في مجال التعليم مستقبلا من حيث مدى إمكانية توفير الموارد المالية اللازمة لتلك التغييرات وبذلك تؤخذ بمؤشرات الكلفة في مجال تحديد حجم التغييرات التي تنوي الخطط استيعابها مثلا في مجال وضع الموازنات بين أنواع التعليم إلى أي حد، مثلا: يمكن التوسع في التعليم المهني أو التعليم العام أو في تخصص ما في التعليم العالي أو التغييرات التي تحدث في مجال تطوير الأبنية المدرسية أو إدخال تقنيات جديدة أو اختيار أساليب تعليمية من دون الأخرى أو في مجال التوزيع الجغرافي للمؤسسات التعليمية...الخ.

**خامسا:** إن النتائج التي تعطيها حسابات الكلفة لها أهمية في الدراسات المقارنة ومختلف الدراسات التي تخص التحليل الاقتصادي للنشاطات التعليمية حيث أن معظم الدراسات التي تجري في مجال قياس الأثر الاقتصادي للتعليم أو الأثر الذي يتركه التعليم في بنية النشاط الاقتصادي لا يمكن أن نستغني عن النتائج التي تخص كلفة التعليم وطبيعة النفقات التعليمية إذ أن معرفة عناصر الكلفة التعليمية وتحديد حجم تلك العناصر شرط في كثير من الدراسات الاقتصادية التحليلية والمقارنة للخروج بنتائج عملية في تلك المجالات.

## أنواع الكلفة في التعليم-

يوفر لنا تحليل عناصر الكلفة الوقوف على أنواع متعددة من حيث يمكن تمييز أنواع منها تبعا لطبيعة النفقات التعليمية أو تبعا للمجال الذي ينفق فيه ويفيد تصنيف الكلفة التعليمية غالبا أغراض حساب عناصر هذه الكلفة إذ أن تحديد طبيعة ومجال الكلفة يعطي إمكانية التحديد الدقيق لأوجه الصرف ولطبيعة المصروفات الفعلية في مجال التعليم يصنف غالبا الكلفة التعليمية إلى الأنواع الآتية: كلفة جارية، وكلفة رأسمالية ، والى كلفة مباشرة، وكلفة غير مباشرة، والى كلفة الفرض.

-الكلفة الجارية والكلفة الرأسمالية

أ.الكلفة الجارية: تشكل الكلفة الجارية في التعليم المصروفات الفعلية على المواد والخدمات والمستلزمات التي تستهلك أو ينتفع منها خلال فترة لا تتجاوز السنة الدراسية الواحدة ويصنف غالبا لأغراض حسابات الكلفة الأصناف الآتية التي تتضمنها الكلفة الجارية.

أولا: أجور مختلف العاملين في مؤسسات التعليم سواء من يرتبط عملهم مباشرة بالنشاطات التعليمية أومن يرتبط عملهم بالنشاطات التكميلية كالإدارة المدرسية والإدارة التعليمية والتربوية على المستوى المحلي أو على المستوى المركزي وكذلك أجور مختلف العاملين في مجال الخدمات الضرورية لتسيير النشاطات التعليمية والتربوية سواء أجور العاملين في مجال الخدمات داخل المؤسسات التعليمية أو العاملين في مؤسسات الإدارة التعليمية على المستوى المحلي والمستوى المركزي.

ثانيا: المصروفات الإدارية: وتشمل على مصروفات المواد والخدمات التي تستهلك أو ينتفع منها خلال السنة الدراسية الواحدة والتي تستخدم لتسيير النشاطات التعليمية سواء داخل المؤسسة التعليمية أو على مستوى الإدارات المحلية المركزية وتشمل غالبا مختلف المصروفات التي ترتبط بمختلف أوجه النشاط الإداري اليومي كنفقات الطبع للأمور الإدارية ونفقات المواد القرطاسية الضرورية للعمل الإداري ونفقات الطاقة ونفقات وسائل النقل المستخدمة من قبل المؤسسات الإدارية ونفقات البريد والبرق والتلفون ومصروفات اكساء العاملين والمستخدمين ونفقات التي تغطي رسوم وضمان الموظفين وأجور التأمين ونفقات معالجة الموظفين وأجور النشر والإعلان والى أخره من المصروفات اليومية التفصيلية الخاصة لتسيير النشاط الإداري.

ثالثا: مصروفات المواد التي تستخدم خلال سنة دراسية واحدة في مختلف أوجه النشاط التعليمي كنفقات المواد القرطاسية التي تستخدم في النشاطات التعليمية والمواد المختبرية والمواد المستخدمة في الحقول المدرسية وفي ورشات العمل

143

والمواد التي تستخدم لأغراض البحث العلمي إلى غيره من المواد التي تستخدم في أثناء العملية التعليمية والتربوية.

**رابعا: مصروفات النشاطات اللاصفية والترفيهية والاجتماعية** والعلمية للمؤسسة التعليمية كنفقات الحفلات الترفيهية أو النشاطات الثقافية والرياضية أو نفقات المؤتمرات والحلقات الدراسية العلمية ونفقات الوفود الرسمية والأساتذة الزائرين أو نفقات السفرات العلمية والى غيرها من النفقات التفصيلية التي تخص النشاطات اللاصفية للمؤسسة التعليمية.

**خامسا: مصروفات الصيانات السنوية الجارية** التي ينتفع من الخدمات المترتبة عليها خلال فترة لا تتجاوز السنة الدراسية الواحدة كمصروفات إدامة وتشغيل الآلات والمعدات في ورشات وحقول المؤسسات التعليمية والإدارية  أو كمصروفات إدامة وتشغيل وسائط النقل أو مصروفات صيانة الأثاث المختبرية والمدرسية والإدارية أو نفقات الترميمات السنوية البسيطة والى غيره من المصروفات التي تغطي الصيانات الجارية.

**سادسا: المساعدات المالية الممنوحة للطلبة** وتشمل المخصصات المالية للطلبة ومصروفات إطعامهم وأجور نقلهم أو نفقات إسكانهم،  إيجارات دور السكن للطلبة أو نفقات المواد القرطاسية التي تغطي المساعدات المالية التي تعطي للطلبة والتي ينتفع منها خلال السنة الدراسية.

**ب. الكلفة الرأسمالية:** وتسمى أيضا بالكلفة الثابتة وتشمل نفقات الأبنية المدرسية ونفقات المواد والأدوات والمعدات ونفقات الصيانات الكبيرة وغيرها من المستلزمات التي تستخدم والتي ينتفع من خدماتها في أكثر من سنة دراسية واحدة ويمكن أن تصنف الكلفة الرأسمالية إلى العناصر الآتية:

**أولا:** نفقات الأبنية وتشمل كل النفقات المتعلقة بتشييد الأبنية المدرسية وأبنية المؤسسات الإدارية والخدمية في مجال التعليم وكذلك نفقات المنشآت الثقافية والرياضية والعلمية كالملاعب المدرسية والمسارح المدرسية وقاعات للاحتفالات والاجتماعات ونواد ومراكز علمية وكذلك نفقات أبنية الورشات التابعة

للمؤسسات التعليمية أو نفقات الأبنية المشيدة في الحقول الزراعية وغيرها من الأبنية التي تشيد لأغراض تعليمية.

**ثانيا:** نفقات المستلزمات الثابتة عدا الأبنية وتشمل على نفقات المعدات والأدوات التي تستخدم لأكثر من سنة دراسية واحدة ونفقات الأثاث المدرسية والإدارية ونفقات المستلزمات المختبرية والتطبيقية ونفقات شراء وسائط النقل ونفقات الكتب المدرسية ونفقات المكتبات التابعة للمؤسسات التعليمية وغيرها من نفقات المستلزمات التي تستخدم وينتفع من خدماتها في فترة تتجاوز السنة الدراسية الواحدة.

**ثالثا:** نفقات الصيانات والترميمات الكبيرة التي تتجاوز فترة الانتفاع منها سنة دراسية واحدة كتبليط الشوارع المؤدية للمؤسسات التعليمية أو نفقات الترميمات الكبيرة على الأبنية المدرسية أو المنشآت التابعة لها أو نفقات إصلاح الأراضي التابعة للمؤسسات التعليمية إلى آخرها من النفقات التفصيلية للصيانات الكبيرة.

## -الكلفة المباشرة والكلفة غير المباشرة-

أ. **الكلفة المباشرة:** وتشمل المصروفات الجارية والإنفاق على المستلزمات الثابتة المصروفة من قبل المؤسسات التعليمية ( المدارس، المعاهد، الجامعات) أو المصروفة لصالح هذه المؤسسات والتي ينتفع من النتائج المترتبة عليها طلبة تلك المؤسسات مباشرة مثلا التكاليف الجارية المتمثلة برواتب العاملين من ضمنهم الهيئة التعليمية في المؤسسة التعليمية أو المصروفات الخاصة باستهلاك الطاقة أو مصروفات المواد المختبرية التي تستخدم في المؤسسة التعليمية وكذلك التكاليف الثابتة كتكاليف المعدات والأدوات ذات الاستخدام الطويل أو تكاليف البناية المدرسية أو تكاليف الصيانات والترميمات الكبيرة على البناية المدرسية.

ب. **الكلفة غير المباشرة:** وتشمل المصروفات الجارية والإنفاق على المستلزمات الثابتة المصروفة من قبل أو لصالح مؤسسات الإدارة التعليمية على المستوى المحلي أو على المستوى المركزي أو المصروفة من قبل أو لصالح مؤسسات تابعة للجهاز

التعليمي والتي لا ترتبط نشاطاتها مباشرة بالعملية التعليمية الصرفة كمراكز البحوث أو المراكز العلمية والاستشارية والثقافية والاجتماعية والطبية وغيرها من المؤسسات التي تنتفع من النتائج المترتبة على مصروفاتها جميع المؤسسات التعليمية في القطاع المعني أو في المنطقة المعينة أو في البلد المعني مثلا انتفاع المدارس الابتدائية والثانوية من الخدمات التي تترتب على النشاط الإداري لمديريات التربية في المحافظات أو انتفاع جميع المدارس الابتدائية والثانوية من الخدمات المترتبة على مصروفات وزارة التربية وهكذا فان النتائج التي تترتب على مصروفات هذه المؤسسات والتي تظهر على شكل خدمات تقدمها هذه المؤسسات إلى المؤسسات التعليمية الصرفة لا تنتفع منها مؤسسة تعليمية معينة بصورة مباشرة بل تنتفع منها جميع المؤسسات بصورة غير مباشرة.

**-كلفة الفرص الاقتصادية-**

يقصد بكلفة الفرص الاقتصادية في التعليم الموارد الاقتصادية الضائعة التي تقابل الموارد التي كان بإمكان الحصول عليها في حالة استخدام الإمكانات الاقتصادية المستخدمة في مجال التعليم في مجالات استثمارية تحقق أرباحا فيضاف حجم الأرباح المترتبة على الإمكانات الاقتصادية المستخدمة في مجال التعليم والذي كان بإمكان الحصول عليها لو استخدمت تلك الإمكانات في المجالات الاستثمارية إلى عناصر الكلفة الرأسمالية(الثابتة) بغض النظر إن كانت مباشرة أو غير مباشرة باعتبار ان تلك الموارد التي تقابل حجم الأرباح التي كان بإمكان الحصول عليها بمثابة كلفة فرص بسبب اختيار مجال التعليم دون غيره واستنادا إلى هذا المفهوم لكلفة الفرص فهناك أولا كلفة فرص تقابل الموارد الضائعة المتمثلة بالأجور التي كان بإمكان الطالب الحصول عليها لولا اختيار الفرصة التعليمية وثانيا كلفة فرص تقابل الموارد الضائعة المتمثلة بالأرباح التي كان بالإمكان جنيها لولا توظيف الموارد المالية في التعليم، الموارد التي تدفع كأجور للعاملين والموارد التي تغطي نفقات المواد والمعدات الضرورية للنشاط التعليمي والموارد التي توظف في تشييد الأبنية والإنشاءات الضرورية للتعلم والموارد التي تغطي نفقات الدراسات العلمية التي تجريها المؤسسات التعليمية ، وثالثا:

كلفة فرص تقابل الموارد الضائعة نتيجة استخدام العاملين في مجال غير إنتاجي والمتمثلة بالأرباح التي كان بالإمكان تحقيقها نتيجة استخدام القوى العاملة المستخدمة في التعليم في مجال إنتاجي، تركز معظم الدراسات في مجال حساب كلفة الفرص على النوع الأول أي على كلفة الفرص التي تقابل الموارد المالية الضائعة والمتمثلة بالأجور الضائعة التي كان بإمكان الطالب الحصول ليها في مختلف مجالات العمل لو لم يختر فرصة التعليم ويفترض معظم الدراسات، إن الأطفال الذين انهوا المرحلة الابتدائية والشباب الذين تجاوزوا سن 14أو 15 والمستمرون على التعليم يستطيعون العمل ويفترض أن يحصلوا على موارد مالية كأجور لو لم يختاروا التعليم ولذلك يحسب كما فعل( شولتز) معدل الأجور الأسبوعية للعاملين الذين تجاوزوا سن 14أو15 سنة والذين هم في الفئات العمرية المقابلة لسن التعليم غير المستمرون على التعليم ومن ثم يضرب معدل أجور كل فئة عمرية بعدد السنوات اللازمة للمرحلة الدراسية التي تقابل تلك الفئة العمرية ويراعي في ذلك عامل الجنس إضافة إلى عامل العمر لتقدير معدل الأجور الذي كان بالإمكان الحصول عليها لو كان الطالب في سوق العمل.

تجابه استخدام مفهوم كلفة الفرص في التعليم صعوبات كبيرة ويصل الأمر في حالات كثيرة إلى عدم واقعية إسناد هذا النوع من الكلفة إلى التعليم ويمكن توضيح ذلك من خلال الملاحظات الآتية:

**أولا:** إن التعليم حق من الحقوق الإنسانية للأفراد وحاجة من الحاجات الرئيسية للفرد والمجتمع ومسالة توفير التعليم أمر تفرضه متطلبات حاجة المجتمع في التطور كما تفرضه المبادئ الإنسانية العامة لذا لا يمكن أن تفترض حالة وهمية مضمونها عزوف أفراد المجتمع عن التعليم وتوجههم جميعا إلى سوق العمل إذ أن اختيار أفراد المجتمع لتعليم مختلف الأسباب حالة واقعة لا يمكن أن تستبدل باختيار أخر كي يقاس الموارد التي كان بالإمكان جنيها من ذلك الاختيار البديل للتعليم ولذا فان حساب كلفة الفرص في التعلم استنادا إلى هذا المنطلق أمر مرفوض إذ ليس لها أساس في الواقع العملي.

**ثانيا:** يعد التعليم مجالا استثماريا وقد أوضحنا في الفصل السابق ان الموارد المالية التي توظف في التعليم تحقق أرباحا لا تستطيع مثيلاتها من تحقيقها في المجالات الأخرى وخاصة إذا أخذنا بالعائد الاقتصادي والاجتماعي والرفاهية الاقتصادية التي

يضمنها التعليم على الصعيد الاجتماعي ووفق هذا المنظور إن اختيار مجال التعليم توظيف الإمكانات الاقتصادية فيه موارد مالية وقوى عاملة هو اختيار ذو مردود اقتصادي عال يفوق الاختيارات الأخرى وهنا لابد أن نفهم أفضلية هذا الاختيار في ضوء ما يوفره التعليم من مردودات اقتصادية للمجتمع عموما من خلال العناصر التي يسهم فيها التعليم في النمو والتطور الاقتصادي والاجتماعي للمجتمعات ولذا تعد مسألة البحث عن فرص أخرى لتوظيف الأموال المخصصة للتعليم والبحث عن مجالات أخرى في استخدم القوى العاملة المستخدمة في التعليم أمر لا يبرر المنطق الاقتصادي إذ الاختيارات الأخرى هي أقل ربما من التعليم هذا إذا جاز إجراء مفاضلة بين الاختيارات الأخرى والاختيار بمجال التعليم.

**ثالثا:** لو جاز لنا أن نقابل اختيار الطالب للتعلم واختيار العاملين في التعليم للمهنة في هذا المجال وللأموال الموظفة في مجال التعليم تكاليف فرص اقتصادية لوجب علينا أيضا أن نقدر بالمقابل تكاليف فرص لتوظيف الإمكانات الاقتصادية في مجالات أخرى مثلا الإمكانات الموظفة في مجال الصحة أو الضمان الاجتماعي أو التعمير أو السياحة إلى أخره، ولو وجب أيضا علينا أن نقدر كمية تلك الموارد الضائعة في كل هذه المجالات وحسابها جزءا من الدخل القومي وبالتالي يؤدي بنا هذا الأمر إلى تقديرات خاطئة وغير واقعية في حسابات الدخل القومي واردات غير موجودة أصلا.

**رابعا:** إن تعليم الطالب هو صيغة من صيغ التأهيل الضروري للعمل مستقبلا وان استمراره في التعليم أمر ضروري تتطلبه ظروف نشاطه المهني في المستقبل كما أن القوى العاملة المؤهلة للقيام بنشاطاتهم المهنية في مختلف أوجه النشاط الاقتصادي وان هذه الإمكانات الموظفة هي جزء من النشاطات الممهدة للنشاطات الإنتاجية كما هو الحال في تخصيص أموال لإنشاء الأبنية والمنشآت الضرورية للمؤسسات الإنتاجية إذ لا يمكن البدء بالإنتاج في أية مؤسسة ما من دون توفير تلك المستلزمات وكذلك الحال في التعليم فالإمكانات الموظفة فيه أمر لا يمكن الاستغناء عنه باعتباره ممهد للنشاط الاقتصادي مستقبلا ولذا لا يمكننا أن نتصور من وجهة النظر في أعلاه بإمكانية توجيه تلك الإمكانات الاقتصادية لاختيارات أخرى كما

لا يصح على هذا الأساس حساب الموارد الضائعة نتيجة اختيارنا لمجال التعليم فتوظيف واستخدام تلك الإمكانات الاقتصادية.

**خامسا:** إن مسألة حساب كلفة الفرص التي تقابل اختيار الطالب للتعليم على أساس مستويات الأجور القائمة حاليا تثير الشك في صحة تلك الحسابات حيث أن مستوى الأجور يخضع لحجم العرض والطلب على كمية العمل ونوعيته في سوق العمل، وان توجه المتعلمين عموما من سن14 أو 15 فما فوق إلى سوق العمل سوف يزيد من عرض كمية العمل وسوف يؤثر مستوى الأجور لذا لا يمكن تقدير كلفة الفرص على أساس المستوى الحالي للأجور أي تقدير أجور المتعلمين في حالة توجههم إلى العمل على أساس الأجور الحالية وعلى أساس المستوى الحالي لعرض كمية العمل والذي يتصف بعرض أقل بسبب استمرار المتعلمين في التعليم.

**سادسا:** هناك عدد قليل من المستمرين على التعليم يعملون بوقت جزئي ومنهم من يحقق لأسباب مختلفة موارد مالية تفوق دخول العاملين ومهما يكن مستوى دخل الذي يحصل الطالب الذي يعمل بوقت جزئي فان تقدير كلفة الفرص للعاملين بوقت جزئي يجابهه صعوبات كبيرة تقلل من القيمة العلمية لتلك التقديرات.

**سابعا:** نتيجة لتغييرات الجديدة في بنية المؤسسات التعليمية تتحول هذه المؤسسات بصورة أكثر وضوحا من مؤسسات تعليمية صرفة إلى مؤسسات تعليمية إنتاجية وفي كثير من الأحيان يحصل الطلبة على موارد مالية تترتب على نشاطهم التعليمي الإنتاجي إضافة إلى أن المؤسسات التعليمية هذه تلجأ إلى أسلوب التمويل الذاتي حيث توافر هذه المؤسسات من خلال نشاطاتها الإنتاجية الموارد المالية الضرورية لإدامة النشاط التعليمي وتطويره إن تقدير كلفة الفرص في هذه الحالة أمر قد يصعب تحقيقه ويتعارض في أحيان أخرى من المبررات الاقتصادية لتقدير هذا النوع من الكلفة، من الملاحظات المذكورة في أعلاه يمكننا استخلاص ان مفهوم كلفة الفرص الاقتصادية قد يكون صالحا لتقديرات وحسابات الكلفة في المجالات الأخرى غير التعليم وان استخدام هذا المفهوم في مجال قياس كلفة التعليم هو على درجة قليلة من الدقة وفي معظم الأحيان قد يتعارض مع واقع الحسابات

الاقتصادية في مجال التعليم إن محدودية أو عدم إمكانية الأخذ بمفهوم كلفة الفرص في مجال التعليم تفرضها الخاصية المميزة للنشاطات التربوية والتعليمية التي سبق ذكرها في الفصل السابق عن النشاطات الاقتصادية الصرفة لذلك ليس من المستغرب أن تكون إمكانية تطويع حساب الكلفة في التعليم لمعيار الاقتصادي المستخدم لحساب الكلفة في النشاطات الاقتصادية الأخرى خارج نطاق تعليم في مجال تقدير كلفة الفرص أمرا محدودا للغاية أو أمرا لا يمكن تحقيقه.

## -أساليب حساب الكلفة في التعليم-

تحسب كلفة التعليم أما على أساس كلفة الخريج أو على أساس كلفة الطالب في السنة الواحدة وتحسب كلفة الطالب في السنة الواحدة إما على أساس سنة تقويمية أو على أساس سنة دراسية واحدة أي من الأول من أيلول(في معظم النظم التعليمية) الى31 كانون الأول من سنة سابقة مضافا إلى المدة من الأول من كانون الثاني إلى 31 آب من السنة اللاحقة على اعتبار أن السنة الدراسية تتكون من جزأين يقعان في سنتين تقويميتين وهناك من يعد السنة الدراسية مكونة من عشرة أشهر بعد خصم العطلة الصيفية، وقد تحسب الكلفة ضمن الصيغتين المذكورتين حساب كلفة الخريج أو حساب كلفة الطالب في السنة الواحدة على أساس كلفة الطالب في ساعة دراسية واحدة أو كلفة الطالب في مادة دراسية واحدة أو كلفة مقعد دراسي واحد أو كلفة صف دراسي واحد وغيرها من الصيغ التي تتباين تبعا لأغراض حساب الكلفة والتي نتطرق إليها فيما بعد.

## طرق حساب عناصر كلفة التعليم-

لغرض حساب كلفة التعليم بغض النظر عن أشكال الكلفة سواء كانت كلفة خريج أو كلفة طالب لا بد من تحليل الكلفة التعليمية إلى العناصر التي تكونها ومن ثم حساب الكلفة من خلال حساب تلك العناصر ويتم حساب تلك العناصر كما يأتي:

**أولا:** الكلفة الجارية تحسب الكلفة الجارية (المباشرة وغير المباشرة) من خلال جمع المصروفات الفعلية خلال السنة الواحدة سواء كانت سنة تقويمية أو سنة دراسية

وتقسم الكلفة الجارية المباشرة على مجموع الطلبة المنتفعين مباشرة من تلك النفقات الجارية كأن تكون الكلفة الجارية لمؤسسة تعليمية معينة فتقسم في هذه الحالة الكلفة الجارية المباشرة على مجموع طلبة تلك المؤسسة إما الكلفة الجارية غير المباشرة فتقسم على طلبة جميع المؤسسات التي انتفعت من النتائج والخدمات التي ترتبت على تلك النفقات الجارية غير المباشرة وقد توزع الكلفة الجارية غير المباشرة إلى طلبة المؤسسات كل مجموعة حسب درجة الانتفاع من الخدمات المترتبة على تلك النفقات ويظهر هذا الشكل من التوزيع عادة في التعليم العالي فتقسم مثلا الكلفة الجارية للمؤسسات الإدارية في الجامعات ومؤسسات التابعة لرئاسة الجامعات على طلبة المعاهد والكليات التابعة لتلك الجامعات حسب درجة انتفاع كل معهد أو كلية من الخدمات المترتبة على النفقات الجارية في تلك المؤسسات فعلى سبيل المثال توزع بالتساوي النفقات الجارية للجهات الإدارية المسؤولة عن تسيير شؤون الجامعة على جميع طلبة المعاهد والكليات التابعة للجامعة على اعتبار أن جميع الطلبة بدون استثناء قد انتفعوا من الخدمات الإدارية لتلك الجهات الإدارية، بينما تحمل على سبيل المثال أيضا النفقات الجارية لمركز البحوث الهندسية التابعة لجامعة ما طلبة كليات الهندسة على اعتبار أن الجهة المنتفعة من خدمات تلك النفقات الجارية هم طلبة هذه الكليات.

**ثانيا:** الكلفة الرأسمالية(الثابتة) في حساب الكلفة الرأسمالية المباشرة وغير المباشرة تميز عادة العناصر الآتية للكلفة الرأسمالية.

أ- كلفة الأبنية.

ب- كلفة المعدات والأدوات الثابتة وكلفة الصيانات والترميمات الكبيرة(كلفة المستلزمات الرأسمالية الثابتة عدا الأبنية).

لحساب الكلفة الرأسمالية للتعليم، سواء الكلفة الرأسمالية للخريج أو الكلفة الرأسمالية للطالب في سنة واحدة لا بد من حساب حجم الاندثار السنوي وما يقابله من نفقات للمستلزمات الثابتة في أعلاه واعتبار النفقات المقابلة للاندثار السنوي كلفة ثابتة لكل سنة من سنوات دراسة الطالب في المرحلة التعليمية وتستخدم غالبا لحساب

النفقات المقابلة لاندثار المعدات والأدوات الثابتة وكلك النفقات السنوية الآتية من الصيانات الكبيرة بأساليب خاصة أيضا تلائم طبيعة الاندثار في هذه المستلزمات الثابتة وسوف نتطرق لأساليب قياس الكلفة الرأسمالية من خلال قياس ما يقابل من كلفة الأبنية وكلفة المستلزمات الثابتة الأخرى عدا الأبنية:

**أ-أسلوب حساب الكلفة الرأسمالية الآتية من كلفة الأبنية.**

تواجه مسألة حساب الكلفة الرأسمالية الناتجة عن كلفة الأبنية صعوبات كبيرة تعود إلى صعوبات تقدير حجم الاندثار السنوي وخصم النفقات المقابلة لتلك القيمة من التكاليف الكلية للأبنية مسألة غير واقعية لذلك نرى أن الأساليب المستخدمة حاليا في تقدير حصة الأبنية من الكلفة الرأسمالية هي أساليب عليها تحفظات من جوانب متعددة غير أن الباحثين عموما يأخذون بهذه الأساليب لكونها أساليب تعطي في أحيان كثيرة تقديرات قريبة من الواقع وان لم تستطيع قياس الكلفة بدقة يضف إلى ذلك ان حصة الكلفة الرأسمالية للتعليم عموما والتي تشكل كلفة الأبنية جزءا منها وهي قليلة نسبيا إلى حجم الكلفة الجارية التي تشكل الجزء الأعظم من كلفة تعليم الطالب، ويمكننا عرض بعض أساليب قياس الكلفة الرأسمالية (المباشرة وغير المباشرة) الناتجة عن استخدام الأبنية وتؤخذ بهذه الأساليب فقط عندما تكون ملكية الأبنية عائدة للمؤسسات التعليمية ومستأجرة من قبلها فتحسب الإيجار السنوي بمثابة كلفة تقابل حصة الأبنية من الكلفة الرأسمالية، وتحسب حصة الطالب من هذه الكلفة كما تحسب حصته من الكلفة الجارية المباشرة وغير المباشرة، وأهم هذه الأساليب في قياس كلفة الأبنية هي كالأتي:

1- تقدر حصة الأبنية من الكلفة الرأسمالية لسنة واحدة تقدر قمة الكلفة الرأسمالية الخاصة بالأبنية عادة لكل سنة من السنوات الدراسية إذ يستخرج قيمة الاندثار السنوي وما تقابل ذلك من نفقات مالية تعد بمثابة حصة للأبنية من الكلفة الرأسمالية لمرحلة دراسية كاملة أو لأية تفصيلات أخرى تفرضها أغراض حسابات الكلفة عن طريق حساب قيمة كل من الأرض والتشييد المقام عليها وما تترتب على الأموال المنفقة فيهما من فوائد لفترة استخدامها لأغراض تعليمية،

وتحسب قيمة الأرض لأغراض حساب الكلفة من خلال إضافة ثمن الأرض في سنة الشراء إلى مجموع ما تترتب على ذلك الثمن من أسعار فائدة على اعتبار أن الأموال التي وجهت لشراء الأرض كان بالإمكان استخدامها في مجالات استثمارية ويفترض أن يكون سعر الفائدة مساوٍ لبدل الاستخدام وفي حالات أخرى تفسر على أن هذه الأموال هي أموال مقترضة تستحق فائدة سنوية وفي كلتا الحالتين تعد إضافة سعر الفائدة السنوية لسعر شراء الأرض بمثابة كلفة فرص تضاف إلى السعر الحقيقي لشراء الأرض، ويضاف سعر الأرض وما تترتب عليه من فائدة خلال فترة الاستخدام إلى ثمن التشييد الذي هو بدوره يحمل فائدة خلال فترة الاستخدام ويقسم المجموع الكلي على العمر المقدر للبناية المستخدمة لأغراض التعليم ويعد الناتج بمثابة نفقات تمثل حصة الأبنية من الكلفة الرأسمالية والتي تقابل نسبة الاندثار السنوي للبناية، ومما يؤخذ على هذه الطريقة هو عدم واقعيتها كما أسلفنا سابقا حيث أن القيمة الحقيقية للأرض والتشييد في زيادة مستمرة إذ غالبا ما تفوق قيمة البناية أرضا وتشييدا عند الاستغناء عن استخدامها لأغراض التعليم قيمتها عند التشييد مع الأخذ بنظر الاعتبار نسبة التضخم السنوي هذا من جانب ومن جانب أخر يعد تحميل الأموال التي استثمرت في شراء وتشيد الأرض أسعار فائدة خلال فترة الاستخدام امرا غير مسوغ اقتصاديا إذ أن هذه الأموال لا يمكن اعتبارها أموالا مقترضة ولا هي أموالا تم تجميدها لأغراض التعليم بل هي أموال استثمرت فعلا ولها مردودات اقتصادية تتمثل بالمردود الاقتصادي للتعليم والذي سبق أن ذكرنا أشكال ذلك المردود ويضاف إلى ما سبق أن هذه الطريقة تواجه صعوبات في مجال التقدير الدقيق للعمر الإنتاجي للبناية مما يؤدي إلى عدم دقة النتائج التي تترتب عليه في مجال تحديد الاندثار السنوي وما يقابله من كلفة ثابتة ويمكن عرض أهم الأساليب التي تستخدم في تقدير العمر الإنتاجي للبناية التعليمية وتقدير الاندثار السنوي لها ومايترتب على ذلك من تقدير للكلفة الثابتة.

**الأسلوب الأول:** الاعتماد على نموذج يستند إلى العوامل الفنية والذوقية والأخلاقية والصحية في مجال تغيير الأبنية التعليمية سواء كان هذا النموذج يعود للنظام التعليمي نفسه أم لنظام آخر تتقارب ظروفه لظروف النظام الذي يأخذ بالنموذج ويتم التوصل إلى هذا النموذج عن طريق تراكم الخبرات السابقة في مجال استبدال الأبنية المخصصة لأغراض التعليم لأسباب فنية وذوقية وأخلاقية وصحية كأن تكون هناك خبرة ما من الفترات السابقة التي حدثت فها عملية استبدال الأبنية المدرسية والتعليمية للأسباب المذكورة في أعلاه كأن نقول مثلا من خلال مراقبة الفترات السابقة أن الأبنية المدرسية والتعليمية يتم استبدالها كل أربعين سنة واعتماد هذه الفترة مقياسا أو نموذجا لقياس الاندثار السنوي وما يقابله من كلفة سنوية ثابتة، أي قسمة الكلفة الكلية للأبنية على عدد سنوات الاستخدام(هنا في هذا النموذج تقسم الكلفة الكلية على 40 سنة).

**الأسلوب الثاني:** الاعتماد في تقدير العمر الإنتاجي للبناية التعليمية على عامل الاستهلاك الاقتصادي للبناية التعليمية أي تقدير سنوات استخدام البناية المخصصة لأغراض التعليم استنادا إلى الخبرة الحالية والخبرة السابقة في ضوء مدى صلاحيتها من الناحية الاقتصادية سواء ما يتعلق بموقع البناية أو حجمها أو مدى أدائها للوظائف التعليمية التي يفترض أن تؤديها البناية التعليمية التي يفترض أن تؤديها البناية المدرسية إلى أخرها أو في ضوء مدى اندثار الأبنية نتيجة لتقادم الزمن عليها قياسا على المواصفات التي يوفرها التقدم العلمي والتكنولوجي في مجال الأبنية التعليمية وفي مجال موائمة هذه الأبنية للوظائف الجديدة المتغيرة للتعليم نتيجة للتقدم العلمي والتكنيكي وهنا أيضا بعد أن يتم تقدير عدد سنوات استخدام البناية تقسم كما في الأسلوب لكلفة الكلفة الكلية على عدد سنوات الاستخدام ويستخرج الاندثار السنوي الذي يقابل حصة الأبنية من الكلفة الثابتة لكل سنة من سنوات الاستخدام.

وللملاقاة الملاحظات والصعوبات التي تواجه الطريقة الأولى تقدر حصة الأبنية من الكلفة الرأسمالية عن طريق حساب قيمة النفقات التي تغطي الصيانات

والترميمات الجارية والكبيرة وتقدر قيمة النفقات السنوية لتلك الترميمات والصيانات باعتبارها قيمة تساوي الكلفة الثابتة السنوية للأبنية وقيمة تقابل الاندثار السنوي الفعلي للأبنية التعليمية وتفترض هذه الطريقة ان هذه القيمة التي تقابل الحصة السنوية للأبنية من الكلفة الرأسمالية، هي بمثابة بدل استخدام للبناية المدرسية وتبقى قيمة البناية قائمة عند الاستغناء عنها لأغراض التعليم حيث يمكن بيعها بقيمة ما يحددها سعر سوق العقارات، وتعد هذه الطريقة خطوة متقدمة قياسا على سابقتها من حيث محاولتها لتقدير الكلفة الثابتة السنوية التي تقابل استخدام البناية عن طريق تقدير بدل الاستخدام السنوي لها، ولا بد من التأكيد على أن هذه الطريقة تواجهها أيضا الصعوبات الناجمة عن تقدير العمر الإنتاجي للبناية وتقدير النفقات التي تقابل الاندثار السنوي لها، والذي تعتمد عليه الطريقة السابقة بصفته أساسا لتقدير ما يقابل الاندثار السنوي للبناية وتقدير الكلفة الثابتة السنوية لها غير ان هذه الطريقة تغفل أمرا له أهميته وهو أن التقديرات السنوية للنفقات الناتجة عن الترميمات والصيانات نفقات تمليها ضرورات استمرار العملية التعليمية إذ ان عدم إجراء هذه الترميمات والصيانات يعيق العملية التعليمية والتربوية وبذلك تتغير وظيفة هذه النفقات من نفقات تقابل بدل الاستخدام إلى نفقات ذات وظيفة تتعلق مباشرة بالعملية التعليمية والتربوية كأية نفقات أخرى للمواد والآلات الجارية والثابتة ومن هذا المنطلق يمكن أن تثار تحفظات على استخدام هذه الطريقة باعتبار أن تلك النفقات التي اعتمدت بدل استخدام للبناية هي نفقات تؤدي وظيفة ذات أثر مباشر على العملية التعليمية والتربوية ويستفاد من النتائج المترتبة عليها مباشرة ولذلك فهي نفقات تدخل ضمن جزء من النفقات الجارية بالنسبة للترميمات السنوية الصغيرة ويدخل الجزء الأخر ضمن المستلزمات الثابتة عدا الأبنية بالنسبة للترميمات والصيانات الكبيرة، إن هذه التحفظات لا تقلل من قيمة هذه الطريقة رغم النتائج غير الدقيقة التي تتوصل إليها باعتبارها تستند إلى فكرة مقبولة في قياس الكلفة الثابتة للأبنية عن طريق تقدير بدل الاستخدام السنوي وهي فكرة تتجاوز فعلا الصعوبات الكبيرة التي تجابه أساليب قياس الكلفة الثابتة للأبنية عن طريق الأسلوب السابق لحساب حجم الكلفة الكلية للأبنية وحساب العمر الإنتاجي للأبنية، غير أن إجراء تعديل على الأسلوب المتبع في

كيفية حساب بدل الاستخدام السنوي في هذه الطريقة في سبيل تلافي الملاحظات التي ذكرت في أعلاه قد يجعل من هذه الطريقة أقرب إلى الواقع وأكثر إمكانية من إعطاء النتائج التي هي أكثر دقة قياسا للأساليب السابقة، وقد أجرى فعلا تعديل على هذا الأسلوب في دراسة عن كلفة التعليم في جامعة الموصل، حيث تم حساب النفقات التي تغطي الترميمات والصيانات الصغيرة والكبيرة مرتين إذ حسبت تلك النفقات مرة كجزء من المصروفات الجارية بالنسبة للترميمات والصيانات الصغيرة على الأبنية وجزء من الإنفاق على المستلزمات الثابتة عدا الأبنية بالنسبة للترميمات والصيانات الكبيرة التي تجري على الأبنية باعتبار أن النتائج التي ترتبت على تلك النفقات قد انتفع منها طلبة تلك السنة الدراسية وطلبة تلك المرحلة الدراسية التي حصلت الصيانات والترميمات في سنواتها إذ إن كلا النوعين من الترميمات والصيانات الصغيرة والكبيرة هما عنصران من الكلفة الجارية وكلفة المستلزمات الثابتة الأخرى عدا الأبنية ويحسبان على هذا الأساس في حسابات الكلفة المتبعة حاليا باعتبار أن نفقات الترميمات والصيانات الصغيرة ينتفع من النتائج المترتبة عليها خلال فترة لا تتجاوز السنة الدراسية واعتبارا ان النتائج المترتبة على الصيانات والترميمات الكبيرة ينتفع منها لفترة تتجاوز السنة الدراسية وعلى هذا الأساس تدرج كلتا النفقتين ضمن النفقات الجارية والنفقات الثابتة لغير الأبنية، أما في المرة الثانية فتعد تلك النفقات(نفقات ترميمات الصيانات الصغيرة والكبيرة)و( نفقات تقابل حجم الاستهلاك الفعلي للبناية للفترة التي تجري فيها تلك الترميمات والصيانات على البناية).ولذلك أعدت نفقات تعبر عن بدل استخدام البناية لأنها تساوي إلى حد كبير من حيث الواقع حجم الاندثار الفعلي في البناية المستخدمة لأغراض التعليم وبذلك تعبر تلك النفقات بعد استخراج المعدلات السنوية لها كلفة رأسمالية (ثابتة) سنوية للبناية المستخدمة لأغراض التعليم وبهذا الأسلوب في قياس المعدلات السنوية للكلفة الثابتة للأبنية تم تجاوز أخطاء وصعوبات الطريقة الأولى وتفادي أخطاء الطريقة الثانية بعد إجراء التعديل الذي ذكر في أعلاه على طريقة الحساب مع الاستفادة من الفكرة الأساسية التي وردت في الطريقة نفسها. وتقسم حصة الأبنية من الكلفة الثابتة السنوية

المباشرة والغير مباشرة على الطلبة بنفس الطريقة التي تم فيها تقسيم الكلفة الجارية المباشرة والغير مباشرة.

**أ-أسلوب حساب كلفة المستلزمات الرأسمالية(الثابتة) عدا الأبنية.**

تحسب الكلفة السنوية للمستلزمات الثابتة(عدا الأبنية) عن طريق حساب قيمة الاندثار ولاستخراج قيمة الاندثار السنوي لهذه المستلزمات تقسم كلفة كل مستلزمة على سنوات استخدامها، وبذلك تقدر قيمة الكلفة الثابتة السنوية لتلك المستلزمات وهكذا بالنسبة لجميع المستلزمات الثابتة الموجودة لدى المؤسسات التعليمية والمؤسسات التابعة لها إن استخدام هذه الطريقة تجابها صعوبات كبيرة تجعل من إمكانية تطبق الأسلوب المذكور أعلاه أمرا في غاية الصعوبة وتأتي في مقدمة هذه الصعوبات تعدد عناصر هذه المستلزمات إلى حد لا يمكن حصرها بالدقة المطلوبة وتداخل فترات استخدام هذه العناصر فيما بينها على سبيل المثال استخدام العديد من العناصر قبل بدأ الطالب بالمرحلة الدراسية واستمرار استخدام تلك العناصر لفترة من فترات دراسة الطالب وكذلك بالنسبة للعناصر التي تستخدم لأول مرة في فترة ما لدراسة الطالب والاستمرار في استخدامها لفترات أخرى بعد إكمال الطالب لدراسته يضاف إلى ذلك كله هناك صعوبات أخرى تواجه حساب درجة الانتفاع الفعلي من تلك المستلزمات الثابتة خلال فترات الاستخدام المختلفة لتلك العناصر ويفترض أن يجد الباحثون والمشتغلون في مجال حسابات الكلفة الحلول التي تتلائم مع نوع وطبيعة الصعوبات التي ذكرت أعلاه في كل حالة من الحالات للوصول إلى تقديرات تقريبية عن النفقات التي تقابل استخدام الطالب لتلك المستلزمات الثابتة خلال دراسته، وتوزع كلفة المستلزمات الثابتة (عدا الأبنية) المباشرة وغير المباشرة بنفس الطريقة السابقة في توزيع كلفة العناصر الأخرى (الكلفة الجارية المباشرة والغير مباشرة، وكلفة الأبنية المباشرة والغير مباشرة).

## -طرق حساب الأشكال المختلفة لكلفة التعليم-

### أولا: حساب كلفة الطالب لسنة واحدة.

تحسب كلفة الطالب إما لسنة دراسية واحدة أو لسنة تقويمية واحدة أو لسنة وسطية واحدة تتوسط المرحلة الدراسية بالنسبة للسنة الدراسية الواحدة فقط سبق وان بينا بأنها تركب من جزأين يرجعان لسنتين تقويميتين الجزء الأول من أيلول إلى 31 كانون الأول من سنة سابقة والجزء الثاني من1كانون الثاني إلى 31 آب من سنة لاحقة، وتستخرج كلفة الطالب لسنة واحدة بغض النظر إن كانت لسنة دراسية تقويمية أو وسطية من خلال الخطوات الآتية:

**أ-حساب حصة الطالب من الكلفة المباشرة، وتستخرج كما يأتي:**

- مجموع الكلفة الجارية المباشرة للمؤسسة في السنة المعينة +الكلفة الثابتة المباشرة للمؤسسة في تلك السنة.

- مجموع طلبة المؤسسة.

**ب-حساب حصة الطالب من الكلفة غير المباشرة وتستخرج كما يأتي:**

- مجموع الكلفة الجارية غير المباشرة للسنة المعنية+ الكلفة الثابتة غير المباشرة لتلك السنة.

- على طلبة جميع المؤسسات المنتفعة من هذا النوع من النفقات كل حسب درجة الانتفاع منها.

**جـ- الكلفة الكلية السنوية للطالب وتستخرج كالأتي:**

حصة الطالب من الكلفة المباشرة +حصة الطالب من الكلفة غير المباشرة.

### ثانيا: حساب كلفة الطالب في ساعة تعليمية واحدة.

تستخدم طريقة حساب هذا النوع من الكلفة طريقة تفصيلية في حساب كلفة الطالب في السنة الدراسية ، اذ تقسم الكلفة التعليمية للطالب على عدد الساعات الدراسية في تلك السنة الدراسية وتكون الكلفة التي تحسب بهذا الأسلوب كلفة لساعة مطلقة بغض النظر عن طبيعة المادة الدراسية ويمكن استخدام الطريقة الآتية في حساب الساعة التعليمية الواحدة:

كلفة الساعة التعليمية الواحدة = $\dfrac{\text{كلفة الطالب للسنة الدراسية}}{\text{عدد الأسابيع} \times \text{عدد الساعات الأسبوعية}}$

وتستخدم نفس الطريقة في حالة حساب كلفة الساعة الواحدة من الكلفة الجارية أو حساب كلفة ساعة واحدة من الكلفة الرأسمالية (الثابتة)، وتستخدم هذه الطريقة عادة في حساب كلفة المادة الدراسية الواحدة، وفي حساب كلفة الفصل الدراسي الواحد.

### ثالثا: حساب كلفة المادة الدراسية

تستخرج كلفة المادة الدراسية عن طريق الأسلوب الآتي:

كلفة الساعة الواحدة×(عدد الأسابيع× عدد الساعات الأسبوعية للمادة)

إذا كان النظام المتبع نظاما سنويا تحسب عدد الأسابيع للسنة الدراسية بأكملها، إما إذا كان النظام نظاما فصليا (الكورسات) تحسب عدد الأسابيع في الفصل الدراسي المعني الذي تعطي فيه المادة الدراسية التي يراد حسب كلفتها، ولغرض حساب عدد الأسابيع تستثنى الأسابيع التي تقع ضمن العطلة الربيعية أو العطلة التي تفصل بين الفصل الدراسي الأول والفصل الدراسي الثاني، وهناك من يستثني أيضا الأيام التي تقع فيها العطل الرسمية غير أن هذا الإجراء هو إجراء تفصيلي تمليه أغراض الدراسة التي يقوم بها الباحث وغالبا لا يستثنى في حسابات الكلفة التي هي من هذا النوع العطل الرسمية التي تقع أيام الأسبوع لأن أيام العطل هذه تقع في المدى الزمني المخصص للدراسة والكلفة تغطي الفترة الزمنية المخصصة للدراسة بأكملها سواء استغلت جميع ساعاتها أو لم تستغل قسم منها .

### رابعا: حساب كلفة الفصل الدراسي الواحد

تستخرج كلفة الفصل الدراسي الواحد عن طريق استخدام أحد الأسلوبين الآتيين:

**الأسلوب الأول:** تحسب كلفة الفصل الدراسي على أساس حساب كلفة المادة الدراسية، إذ تجمع كلفة المواد الدراسية لذلك الفصل باعتبار أن مجموع كلفة المواد الدراسية كلفة للفصل الدراسي المعني.

**الأسلوب الثاني:** تحسب كلفة الفصل الدراسي على أساس حساب كلفة الساعة الدراسية الواحدة وبذلك تكون:

كلفة الفصل الدراسي= عدد الأسابيع الدراسية في الفصل× عدد الساعات الأسبوعية× كلفة الساعة الدراسية الواحدة.

ويعتمد هنا في حساب كلفة الفصل الدراسي إما على الكلفة السنوية للطالب الواحد وتكون هذه الكلفة أساسا لحساب كلفة الطالب في ساعة دراسية واحدة (تقسم الكلفة السنوية للطالب على عدد الساعات الدراسية لتلك السنة إن كان النظام المتبع هو نظام فصلي) والتي تكون بدورها أساسا لحساب كلفة الطالب في المادة الدراسية للفصل الدراسي أو أساسا لحساب الفصل الدراسي عن طريق حساب كلفة جميع الساعات الدراسية في ذلك الفصل، أو يعتمد على الكلفة الإجمالية للسنة الدراسية على عدد الساعات الدراسية خلال السنة الدراسية بفصليها الدراسيين إن كان النظام المتبع نظام فصليا، وبذلك تستخرج كلفة ساعة الدراسية المطلقة ولجميع الطلبة، هذه الكلفة التي تكون أساسا لحساب كلفة الفصل الدراسي الذي يتم إما عن طريقه حساب الكلفة الإجمالية للمادة الدراسية وحساب كلفة جميع المواد الدراسية في الفصل الدراسي، أو عن طريق حساب كلفة جميع الساعات الدراسية التي يشتمل عليها الفصل الدراسي، ويمكن تقسيم هذه الكلفة الإجمالية على عدد الطلبة بذلك نحصل على كلفة الطالب الواحد في الفصل الدراسي.

**خامسا:حساب كلفة الخريج**

تحسب كلفة الخريج كما يأتي:

كلفة الخريج= مجموع الكلفة الجارية للسنوات الدراسية للطالب(المباشرة وغير المباشرة+ ( حصة الطالب من الكلفة الرأسمالية السنوية المباشرة وغير المباشرة × عدد سنوات المرحلة)، إن هذا الأسلوب هو أسلوب عام يستند على متوسط كلفة الخريج، إذ حسب ضمنا كلفة سنوات الإعادة لبعض الطلبة عند حساب الكلفة الجارية لسنوات الدراسة للطالب أو عند حساب حصة الطالب من الكلفة الرأسمالية السنوية، وقد يحسب كلفة الخريج مع إضافة الكلفة الإضافية الناتجة عن الرسوب أو التسرب ويمكن توضيح ذلك كما يأتي:

أ- حساب كلفة الخريج مضافا إليها الكلفة الإضافية الآتية نتيجة رسوب الطالب ويلزم لحساب هذا النوع من الكلفة، حساب معدل بقاء الطالب في المرحلة الدراسية وبعبارة أخرى حساب عدد السنوات اللازمة لتخرج الطالب من المرحلة التي هي موضوعة الدراسة، ويمكن حساب ذلك كما يأتي:

عدد الطلبة الذين تخرجوا بدون رسوب× عدد السنوات المقررة للمرحلة+(عدد الطلبة الراسبون سنة واحدة× عدد السنوات المقررة مضافا إليها تلك السنة)+ (عدد الطلبة الراسبون سنتان× عدد السنوات المقررة مضافا إليها سنتان)وهكذا الخ وتقسم ذلك كله على عدد المتخرجين جميعا× عدد السنوات المقررة للمرحلة التعليمية، وبذلك نحصل على معدل الزيادة قياسا إلى سنة واحدة وعند ضرب هذا المعدل بعدد السنوات الدراسية للمرحلة نحصل على معدل السنوات الضرورية لتخرج الطالب وعند ضرب هذا المعدل في كلفة الطالب السنوية نحصل على كلفة الخريج مضافا إليها الكلفة الناتجة عن سنوات الإعادة، ويمكن توضيح ذلك من خلال المثال الآتي:

لو افترضنا أننا بصدد حساب كلفة الخريج لمرحلة دراسية عدد السنوات المقررة لتلك المرحلة هي 4سنوات وان كلفة الطالب السنوية500دينار وعدد المتخرجين دون رسوب80 متخرجا وعدد المتخرجين الذين تأخروا سنة واحدة هو 30 متخرجا وعدد المتخرجين الذين تأخروا سنتان هو25 متخرجا وعدد المتخرجين الذين تأخروا3سنوات هو15متخرجا، فيحسب معدل السنوات اللازمة للتخرج كما يأتي:

$$(7\times15)+(6\times25)+(5\times30)\ +(4\times80)$$

$$725 = \underline{\qquad\qquad\qquad\qquad\qquad}$$

$$1.2\ \ 4\times150$$

$$600$$

$$4.8 = 4\ \times1.2$$

ويضرب عدد السنوات اللازمة هذه لتخرج الطالب في كلفة التعليم وبذلك تكون كلفة الخريج2400دينار أي بزيادة 400 دينار عن الكلفة الضرورية لإكمال الدراسة من دون رسوب.

ب- حساب كلفة الخريج مضافا إليها الكلفة الإضافية الآتية نتيجة للتسرب، يحسب هذا النوع من الكلفة عادة كما يأتي:

**أولا:** يضرب عدد الطلبة التاركين في عدد سنوات بقائهم في التعليم أي يضرب عدد الطلبة التاركين في السنة الثانية في سنة واحدة ، وعدد الطلبة التاركين في السنة الثالثة في سنتين وهكذا بالنسبة للسنوات الباقية للمرحلة الدراسية، ومن ثم يجمع عدد السنوات الدراسة الفعلية لجميع الطلبة التاركين.

**ثانيا:** يضرب مجموع سنوات البقاء لجميع الطلبة التاركين في متوسط الكلفة السنوية لتعليم الطالب في المرحلة المعينة، وبذلك نحصل على مجموع كلفة سنوات البقاء لجميع الطلبة التاركين.

ثالثا: يقسم مجموع كلفة سنوات بقاء الطلبة التاركين على عدد المتخرجين وبذلك نحصل على الكلفة الإضافية نتيجة ترك بعض الطلبة التعليم قبل إنهاء المرحلة الدراسية.

الفصل الخامس
التمويل في التعليم

## المحتويات

- صيغ التمويل في التعليم

- التمويل من قبل الدولة

- التمويل الذاتي من قبل المؤسسات التعليمية

# الفصل الخامس
## التمويل في التعليم

يلعب التمويل دورا ايجابيا أو معوقا في مدى أداء النظام التعليمي لوظائفه الاجتماعية والتعليمية استنادا إلى الأسلوب المتبع في التمويل أو استنادا لطبيعة النظام التمويلي المعتمد في التعليم إذ يمكن أن يلعب التمويل دورا ايجابيا في حالة تجاوب طبيعة التمويل وأسلوبه مع متطلبات الحاجة الاجتماعية في النظام التعليمي للقوى البشرية الضرورية لأداء المهام الاجتماعية والاقتصادية والثقافية اللازمة للتحول الاجتماعي والتقدم الحضاري ويظهر هذا التجاوب عندما يلعب التمويل دورا نشيطا في تذليل الصعوبات المالية التي تجابه مؤسسات التعليم أو التي تجابه الأفراد المتعلمين، وقد يلعب دورا معوقا في حالة عدم مرونة النظام التمويلي أو عدم إمكانية الأسلوب التمويلي المتبع في تذليل تلك الصعوبات المالية وتكمن هذه الأهمية للتمويل في التعليم في علاقته بالنفقات التعليمية ومن ثم التأثير الذي يتركه في الناتج التعليمي من حيث الكم أو من حيث نوعية النتائج التعليمية فيؤثر التمويل على النفقات التعليمية من حيث تحكمه بحجم الموارد المالية التي يتم توافره للتعليم ويؤثر بذلك أيضا في المخرجات التعليمية حيث أن عدد المتخرجين ونوعية تعليمهم سيعتمدان على درجة كبيرة على مدى الإمكانات المالية التي يتم توافرها للنظام التعليمي، وهكذا أصبحت دراسة الموضوعات المتعلقة بالتمويل مسألة ذات أهمية كبيرة في الدراسات الاقتصادية في التعليم أو خاصة الموضوعات التي تتعلق بمصادر التمويل أو الصيغ التمويلية التي تكفل فاعلية أكثر للنظام التعليمي، لذا احتلت هذه الموضوعات في التمويل موضعا كبيرا من اهتمام المعنيين باقتصاديات التعليم قديما وحديثا، فقد عالج معظم اقتصادي القرنين الثامن عشر والتاسع عشر المسائل المتعلقة بصيغ التمويل ومصادره، وعولجت هذه الموضوعات أيضا من زوايا عديدة في قرننا الحالي.

## -صيغ التمويل في التعليم-

يستمد قطاع التعليم موارده المالية من مصادر عديدة وفي مقدمتها ما يخصص له من ميزانية الدولة وما يقدمه الأفراد كأجور لقاء حصولهم على التعليم، وما تحصل عليها المؤسسات التعليمية من أرباح تترتب على بعض النشاطات الإنتاجية التي ترافق النشاطات التعليمية وقد يعتمد النظام التعليمي على مصدر من هذه المصادر بصورة رئيسة كأن يعتمد في تمويل التعليم على ما يخصصه المجتمع من موارد مالية أو قد يعتمد على أكثر من مصدر واحد، وفي واقع الأمر يصعب القول أن هناك مصدر واحد لتمويل التعليم، حيث أن الحاجة المستمرة لزيادة الإنفاق على التعليم نتيجة التوسع الحاصل في التعليم أو نتيجة تحديث نوعية التعليم وتحسينه، تلزم البحث عن مصادر جديدة لتلبية تلك الحاجات المتزايدة، ولذلك نجد أن مؤسسات التعليم تبتكر أساليب جديدة لتجاوز أزماتها المالية منها البحث عن أساليب تمكنها من الاعتماد جزئيا على إمكاناتها الخاصة، كالاستفادة من الإمكانات المادية المتوافرة لديها لإنتاج المستلزمات الخاصة بالعملية التعليمية دون شرائها من مؤسسات أخرى، أو تطوير النشاطات الإنتاجية كي تتخطى حدود النشاطات التعليمية في سبيل توافر جزء من الموارد المالية الضرورية لتسيير شؤونها أو قد تلجأ المؤسسات التعليمية إلى تحميل جزء من نفقاتها مؤسسات إنتاجية تستفيد مباشرة من خريجي مؤسسات التعليم، وقد تلجأ المؤسسات التعليمية إلى الاقتراض من مؤسسات مالية أو إنتاجية لسد حاجاتها من الموارد المالية غير أننا نستطيع أن نميز ثلاثة صيغ لتمويل التعليم كصيغ مميزة وهي ، **أولا:** صيغة التمويل من قبل المجتمع ، **وثانيا:** صيغة التمويل من قبل الأفراد المتعلمين، **وثالثا:**صيغة التمويل الذاتي من قبل المؤسسات التعليمية، ومن الضروري أن نؤكد قبل التطرق بصورة تفصيلة لكل صيغة من هذه الصيغ الثلاث على أنه من المتعذر في الواقع العملي الاعتماد كليا على صيغة واحدة دون الصيغ الأخرى حيث مهما كانت درجة الاعتماد على صيغة ما من الصيغ الثلاث فلابد من الاعتماد بدرجة ما أيضا على النوعين الآخرين من طرق التمويل، أي أنه يصعب مثلا أن نرى نموذجا للتمويل الذي يعتمد على ما يخصصه المجتمع والمتمثل بتخصيصات الدولة من دون أن يسهم الأفراد بجزء من نفقات التعليم وحتى وان تحملت الدولة كافة نفقات التعليم وتبنت مجانية التعليم بصورة كاملة فهناك مساهمات من قبل

الأفراد تتمثل بالإنفاق من قبل المتعلمين على بعض المجالات التي قد لا تستطيع الدولة موارد مالية لها لعدم ارتباطها مباشرة بالنشاطات التعليمية كالذي يخصصه الطالب لشراء بعض المنشورات العلمية على سبيل المثال أو ماينفقه في مجالات الترويح أو في مجال تطوير ميوله ورغباته العلمية إلى آخره، كما انه يصعب أيضا أن نجد نموذجا يعتمد كليا على ما يقدمه المتعلمون كأجور عن تعلمهم، لذلك نرى في الواقع نموذجا خليط من الصيغ المذكورة أعلاه غير أنه قد يبرز دور صيغة على الصيغ الأخرى كان متوافر الدولة مجانية التعليم وان يتحمل المتعلمون بعض النفقات التفصيلية التي تخص بعض الجوانب الرئيسة في العملية التعليمية والتربوية أو أن تستمد مؤسسات تعليم الجزء الأعظم من مواردها من أجور المتعلمين وأن تقدم الدولة بعض الإعانات، وبعض الخدمات مجانا للمؤسسات التعليمية، وهكذا فانه يندر وجود نموذج من النماذج الثلاث تستخدم بصورة نقية فغالبا ما يحتل أحد النماذج الثلاث مكان الصدارة وتصبح النماذج الأخرى ثانوية غير مؤثرة بصورة فعالة على صيغة التمويل السائدة، وسنتطرق إلى صيغ التمويل الثلاث وما تترتب على استخدام كل صيغة من تلك الصيغ من نتائج.

## التمويل من قبل الدولة(المجتمع)-

تتمثل هذه الصيغة بتحمل الدولة والمجتمع نفقات التعليم إذ يتم تمويل النشاطات التعليمية من ميزانية الدولة ولا يتحمل الطلبة أو ذويهم أية نفقة من نفقات التعليم وبذلك لا يدفع الطالب أي إجراء مقابل حصوله على التعليم وتتحمل الدولة من الناحية النظرية استنادا إلى هذا النموذج جميع النفقات الخاصة بالنشاطات التعليمية سواء كانت نفقات عمل أو نفقات مادية كما تتحمل أيضا نفقات إسكان ونقل وتغذية الطلبة، قد تتحمل الدولة أحيانا نفقات تغذية جزئية وتقدم لهم أيضا مساعدات أو منح مالية، إن مدى تحمل الدولة ومدى سعة دائرة النفقات التعليمية التي تتحملها الدولة تتفاوت من بلد إلى بلد وتتفاوت من فترة إلى أخرى، غير أن الخاصية المميزة لهذا النموذج من التمويل هي أن المجتمع يتحمل النفقات الرئيسة في العملية التعليمية كالنفقات التي تغطي أجور العاملين سواء الهيئة التدريسية أو الإداريين أو العاملين في مجال الخدمات والنفقات المادية الخاصة بجميع المستلزمات

الجارية والثابتة، مثل: النفقات الخاصة بالمواد القرطاسية والأثاث المدرسي أو المستلزمات المختبرية وورشات العمل ومستلزمات الحقول المدرسية والمكتبات العلمية والملاعب والمسارح الخاصة بالمؤسسات التعليمية أو نفقات مختلف الأبنية التابعة لمؤسسات التعليم، كما يتحمل عادة المتعلمون بعض النفقات الثانوية التي لا تترك أثرا كبيرا على قراراتهم في مجال التعلم أو الاستمرار فيه أو لا تشكل عائقا أمام استمرارهم في التعليم.

ومن النتائج التي تترتب على استخدام هذه الصيغة في تمويل التعليم هي أنها تزيل العوائق المالية أمام قرارات الأفراد في التعلم، حيث أن حصول الفرد على التعليم والاستمرار فيه لا يعتمد وفق هذه الصيغة التمويلية على حجم دخل الفرد المتعلم وبذلك تصبح هذه الصيغة عاملا حاسما في زيادة حجم الأفراد المتعلمين وتكون أيضا عاملا في استمرارهم في المراحل التعليمية المختلفة وهناك شواهد عديدة في مختلف بلدان العالم تؤكد على مدى التأثير الذي يتركه إلغاء أجور التعليم في زيادة المتعلمين من الناحية العددية في المراحل التعليمية التي ألغيت فيها الأجور الدراسية، إن مجانية التعليم وتحمل الدولة النفقات الأساسية في التعليم هو أداة فاعلة في تعميم التعليم وشموله لكل أفراد المجتمع ، وبذلك تصبح أداة فعالة في تحقيق المبادئ الإنسانية العامة في مجال ديمقراطية التعليم وتلبية حقوق جميع الأفراد في التعليم والاستمرار في القنوات التعليمية التي تتفق وإمكاناتهم العقلية والجسمية وتتفق مع ميولهم ورغباتهم واهتماماتهم المعرفية، أن تخدم هذه الصيغة يكفل تحقيق هدف المجتمع في إلزامية التعليم سواء أكانت في المراحل الدنيا من التعليم أو في المراحل المتقدمة منه، وبذلك تصبح مجانية التعليم أداة في تحقيق وتوسيع المضامين الديمقراطية في التعليم من خلال إتاحة الفرصة المتكافئة أمام مختلف الفئات الاجتماعية في التعليم أو الاستمرار فيه أو في اختيار نوع التعليم الذي يتفق مع إمكاناتهم العقلية ورغباتهم وميولهم المعرفية، ويؤدي استخدام هذه الصيغة في التمويل من تمكن الأفراد ذوي الإمكانات والقابليات العلمية من الاستمرار في التعليم وتطوير مواهبهم وقدراتهم المعرفية وما تترتب على ذلك من نتائج ايجابية سواء على صعيد التقدم العلمي أو على صعيد إسهامهم في تطوير المجتمع وبذلك لن يصبح انخفاض دخل هؤلاء الأفراد

سببا في حرمانهم من التعليم أو الاستمرار فيه ولن يكون عاملا في هدر تلك الإمكانات والقابليات العلمية، وبذلك ستضمن صيغة التمويل من قبل المجتمع تلافي الخسارة الاجتماعية والاقتصادية الناجمة عن عدم تعلم أو استمرار هذه المجاميع من الأفراد ذوي الإمكانات العلمية التي ستؤثر مستقبلا على نتائج النشاطات الاقتصادية والاجتماعية في المجتمع، ويضاف إلى ما سبق أن استخدام هذه الصيغة يضمن انسيابية أفضل للكوادر الماهرة إلى مختلف قطاعات النشاط الاقتصادي والاجتماعي ويوفر إمكانية أفضل لتخطيط القوى العاملة من الناحية العددية والنوعية، حيث يمكن توافر الإعداد الكافية من المهارات وفي مختلف مستوياتهم ولمختلف أنواع الاختصاصات بصورة مستمرة وأخيرا ستضمن هذه الصيغة ظروفا أفضل للتقدم العلمي والتكنيكي إذ يمكن توافر اعداد كافية من الطلبة لكل التخصصات العلمية والتكنيكية هو دافع مالي كما هو الحال عند عدم مجانية التعليم، إذ يختار الطالب في حالة عدم مجانية التعليم الاختصاص الذي يوفر له موردا ماليا أفضل في المستقبل والذي يبرر توجيه نفقات مالية تتمثل بالأجور الدراسة والنفقات التفصيلية الأخرى التي تلحق بها، وبذلك تنمو اختصاصات معينة على حساب نمو اختصاصات معرفية وعلمية لها قيمتها ولكنها لا تضمن موردا ماليا أفضل من غيرها.

إن الجوانب التي ترافق استخدام صيغة التمويل من قبل المجتمع لا تنفي بعض المظاهر السلبية التي ترافق استخدام هذه الصيغة وفي مقدمتها ضعف أو من جانب العاملين، حيث أن الطالب لن يشعر بدافع اقتصادي مباشر يحمله على تحسين وتطوير نشاطه التعليمي، إذ أن عدم تحمل الطالب النفقات التعليمية يجعله غير متحمس في توجيه كمية أكبر من العمل الخاص في العملية التعليمية وغير متحمس في إنهاء المرحلة التعليمية في الفترة الزمنية المحددة لها، وذلك لعدم تحسسه بالخسارة المادية الناجمة عن ضعف اهتمامه وتدني مستوى منشأة التعليمي وتظهر هذه الظاهرة بصورة حادة في الحالات التي لا تتفق نوعية التعليم مع اهتمامات وإمكانات الطالب، وفي حالات انعدام الميول التعليمية عموما عنده وأخيرا في الحالات التي لا يتوافق نوع التعليم ومستقبله المهني مع طموحات الطالب العلمية والاجتماعية والمادية، أما بالنسبة للعاملين وخاصة الهيئة التعليمية هي الأخرى لن تشعر بقوة الدوافع

الاقتصادية إذ غالبا يخلو هذا النمط من التمويل أشكالا من المكافأة التي تقابل الزيادة في إنتاجية المعلم إذ أن شعور المعلم بعدم حصوله على موارد مالية إضافية نتيجة جهوده الإضافية يحمله على عدم زيادة جهوده في تحسين العملية التعليمية،  إن انعدام الدوافع الاقتصادية لا تلغي وجود دوافع أخرى كالدوافع الأخلاقية أو الدوافع السياسية التي تحمل المعلم والطالب على النشاط المتزايد من أجل تحسين مستوى التعليم،  وهكذا فان ضعف أو انعدام هذه الدوافع الاقتصادية يؤدي إلى هدر اقتصادي يتمثل قبل كل شيء بتدني المستوى النوعي لتحصيل الطالب،  حيث أن مستوى التحصيل النوعي للطالب هو الغرض النهائي لنفقات تعليم الطالب فأي تدني في نوعية أو كمية تحصيل الطالب سيؤدي إلى تفريط الموارد المالية المخصصة لتعليمه،  كما أن هناك مظاهر أخرى للهدر الاقتصادي الناجم عن ضعف أو انعدام الدوافع الاقتصادية التي تمثل بالهدر الناتج عن نفقات السنوات الإضافية التي يقضيها الطالب لإنهاء المرحلة التعليمية نتيجة للرسوب أو الهدر بالنفقات نتيجة ترك الطالب للدراسة قبل إنهائها،  ومن المظاهر السلبية الأخرى التي ترافق صيغة التمويل من قبل المجتمع أو الدولة هي ضعف اهتمام الطالب والعاملين في الحرص على مستلزمات التعليم،  والذي يتجلى بعدم الحرص على الاقتصاد بالمواد الأولية أو عدم الحرص على صيانة المستلزمات الجارية والثابتة للمؤسسات التعليمية،  إن عدم تحمل الطالب لنفقات التعليم يجعله غير متحسس بالتبذير الذي يحصل في مواد التعليم أو في مستلزماته فهو لن يدفع أصلا أجرا مقابل تعليمه فلذلك لن يتحمل أيضا أية نفقات إضافية نتيجة سوء استخدام المستلزمات الخاصة بالتعليم.

إن المظاهر السلبية المذكورة في أعلاه لا تلغي أفضلية هذا النمط من التمويل لاعتبارات إنسانية واقتصادية وثقافية واجتماعية عامة،  كما أن وجود هذه المظاهر لا يعني عدم إمكانية التخفيف منها أو معالجتها بفاعلية كبيرة، ومن جملة الإجراءات التي تتخذ عادة لمعالجة ضعف الدوافع الاقتصادية في هذا النمط  من التمويل هي الإجراءات الخاصة بتطعيمه ببعض عناصر التمويل من قبل الأفراد غير أن هذه الإجراءات يجب أن تتخذ بحذر شديد كي لا تحد هذه العناصر المأخوذة من نمط التمويل الخاص من إمكانيات الأفراد في التعليم أو الاستمرار فيه أو تصبح تلك

العناصر قيودا تعوق الفئات الاجتماعية ذات الدخل المحدود من اختيار نوعية التعليم التي تلائم الإمكانات والقدرات العقلية للطلبة التي تنتمي إليها، كما يجب ملاحظة الحالات، والمراحل التعليمية التي تستخدم فيها تلك العناصر، حيث يستبعد الأخذ بتلك العناصر في الحالات التي تؤدي فيها المؤسسات التعليمية وظائفها بفاعلية وبمستوى إنتاجي مقبول من الناحية الاقتصادية والعلمية والتربوية، كما يستبعد الآخذ بتلك العناصر من التمويل الخاص في المراحل الدنيا من التعليم حيث تنعدم مبررات الاستعارة هذه في المراحل الدنيا من التعليم إذ إن الأطفال هم أقل إحساسا بالدوافع الاقتصادية أو التأثيرات التي تتركها نشاطاتهم التعليمية في مستوى دخول عوائلهم، كما أن المراحل الدنيا للتعليم مراحل أساسية لا بد من توافرها للأفراد وتوافر فرص استمرارهم فيها دون أية عقبات مادية أو اجتماعية كما أن للدوافع الأخلاقية والاجتماعية العامة الأثر الأكبر في نشاط الطالب في هذه المرحلة لذلك تنتفي ضرورات الأخذ بتلك الإجراءات في هذه المراحل، ومن أهم الإجراءات التفصيلية لمعالجة تلك المظاهر السلبية التي ترافق صيغة التمويل من قبل المجتمع هي على سبيل المثال لا الحصر وتحميل الطالب بعض جوانب النفقات غير الأساسية كتحميله نفقات الكتب والقرطاسية، أو تحميله جزءا من نفقات التعليم في حالة عدم انجازه المتطلبات التعليمية كأن يلزم الطالب بدفع نفقات السنوات الدراسية التي يعيدها لأسباب:غير مشروعة ، أو حرمانه من بعض الامتيازات كعدم حصوله على منح مالية في حالة عدم إيفائه بالمتطلبات التعليمية لأسباب: غير مشروعة، أو حرمانه من الحصول على أماكن في بيوت إسكان الطلبة، أو تحميل الطالب نفقات المواد والمستلزمات في حالات سوء استخدامها، أو تحميل الطالب أجور عن تقديمه امتحانات المحاولات الثانية والثالثة إلى أخره، كما يمكن استعارة بعض عناصر التمويل الخاص لتنشيط الدوافع الاقتصادية لدى العاملين مثل: إعطاء بعض المكافآت المادية في حالات الإنتاجية العالية أو توافر فرص أفضل للمبدعين في تطوير إمكاناتهم المهنية والعلمية، أو إيجاد حوافز مادية أخرى كتوافر المساكن للعاملين وتقديم معونات مالية لهم في حالات خاصة الخ...

## -التمويل من قبل الأفراد-

يتحمل الطالب أو ذووه في هذه الصيغة للتمويل نفقات التعلم عن طريق دفع الطالب أجورا مقابل الخدمات التعليمية التي يتلقاها في المؤسسات التعليمية وتعد الموارد المالية الآتية كأجور دراسية عنصرا حاسما في تمويل نشاط المؤسسات التعليمية، أما الإعانات التي تأتي من الدولة أو من المؤسسات الاجتماعية فتحتل دائما دورا ثانويا في عملية التمويل، ومن أهم المظاهر التي تترتب على هذه الصيغة من التمويل هي وضعها عقبات مادية أمام حصول الأفراد على التعليم أو الاستمرار فيه، حيث أن صيغة دفع أجور مقابل الحصول على التعليم تحد من إمكانية ذوي الدخول المنخفضة الحصول على التعليم أو الاستمرار فيه، وتظهر صعوبة في توجيه جزء من موارد الفرد أو العائلة لأغراض تعليمية، إذ أن هناك مجالات أخرى قد تجذب تلك الموارد مثل: المجالات الأساسية و في حياة الفرد كالصرف على التغذية، أو الإسكان، أو العناية الصحية، أو إشباع بعض الحاجات الآنية التي لا تقبل التأجيل، وهكذا تظهر مجالات تتنافس مع التعليم في امتصاص الموارد المالية المتوافرة لدى الفرد وخاصة إذ لم يجد الفرد من تعلمه منافع آنية تنعكس على مستوى دخله أو لن ينتظر تحقيق موارد مالية أفضل في المستقبل نتيجة تعلمه، وبذلك يصبح التعليم غير مغريا للأفراد الذين لا تتأثر دخولهم بمستوياتهم التعليمية، ويفضلون توجيه هذا القسم المخصص لتعلم من دخولهم إلى مجالات أخرى لإشباع حاجات يرونها أكثر ضرورة من التعلم، إن صيغة التمويل من قبل الأفراد قد تحرم عددا كبيرا من أفراد المجتمع الذين تتوافر لديهم إمكانات وقدرات عقلية وجسمية من التعليم أو الاستمرار فيه، ويقتصر التعلم على مجموعة من الأفراد قد يكون قسم كبير منهم غير مؤهلين من حيث إمكاناتهم وقدراتهم واهتماماتهم، وبذلك تلحق هذه الصيغة الضرر الكبير بالمجتمع نتيجة هدر الإمكانات الخلاقة التي لم تتوافر لها فرصة التعليم أو الاستمرار فيه بسبب العقبات المالية، ونتيجة الهدر الناتج عن عدم كفاءة القسم الكبير من اللذين أتيحت لهم فرص التعلم أو الاستمرار فيه من اللذين وفرت لهم إمكاناتهم المادية فرص التعليم .

وتعيق صيغة التمويل من قبل الأفراد إمكانية توافر القوى العاملة بالمهارات المطلوبة كما ونوعا وبذلك تعيق في المحصلة النهائية إمكانية تخطيط النشاط سواء في مجال توافر القوى العاملة أو في مجال تخطيط التعليم نفسه، ويضاف إلى ما سبق أن هذه الصيغة لا توافر الإمكانات المتكافئة لنمو جميع حقول المعرفة والتي يحتاجها المجتمع إذ إن تحمل الطالب نفقات التعليم يجعله أن يختار الاختصاصات التي توافر له موارد مالية أفضل أو مكانة اجتماعية أحسن لذا يتوجه الجزء الأعظم من المتعلمين نحو تلك الاختصاصات التي توافر لهم الامتيازات المذكورة ويقل الإقبال على الاختصاصات الأخرى كما أن خضوع التعليم لمعايير تجارية قد يؤدي في حالات خاصة إلى تدني نوعية التعليم إن كان الغرض الأساس هو تحقيق الأرباح المالية، وان الملاحظات المذكورة في أعلاه لا تنفي بعض الجوانب الايجابية لهذه الصيغة من التمويل وفي مقدمتها توافر الدوافع والحوافز الاقتصادية في التعليم وما يترتب على ذلك من تقليل في حجم الإهدار الناتج عن الرسوب أو التسرب كما أن تحمل الطالب للنفقات التعليمية يجعله أكثر حرصا على حسن استخدام المستلزمات التعليمية وبفاعلية أعلى كما يجعله أكثر حرصا على اختيار أفضل نوع للتعليم يتفق مع طموحاته ويتفق مع إمكاناته لتلافي أية نتائج علمية سلبية قد تترتب على سوء اختياره وبذلك تكون هذه الصيغة في التمويل عاملا من عوامل فاعلية الطالب لتلافي الخسارة المادية الناجمة عن الرسوب، كما أنها عامل في رفع كفاءة الطالب التعليمية كي يحقق الاستفادة القصوى من المعارف التي يكتسبها في الحياة العملية.

## -التمويل الذاتي (التمويل من قبل المؤسسات التعليمية)-

إن تزايد النفقات التعليمية ومحدودية الإمكانات المتوافرة لدى المجتمع والأفراد في توافر موارد مالية إضافية لتلبية الحاجات المتزايدة في مجال الإنفاق على التعليم قد أدى إلى البحث عن بعض الوسائل والأساليب التي قد تخفف من الأعباء المالية التي يتحملها المجتمع والأفراد، ومن بين هذه الوسائل لجوء بعض المؤسسات التعليمية إلى تطوير نشاطاتها التعليمية إلى نشاطات تعليمية إنتاجية، أي نشاطات تحقق منافع مادية تعين المؤسسة في تخفيف الحاجة للموارد المالية الضرورية لتسيير نشاطاتها إضافة

للأهداف التعليمية، ومما تجدر الملاحظة هنا أن هذه الصيغة من التمويل لا زالت محدودة من حيث فاعليتها حيث تقتصر على بعض المؤسسات دون الأخرى تبعا لطبيعة التعلم، كما أن مساهمتها في التمويل هي مساهمة جزئية لم ترتق إلى الدرجة التي تمكن من التعويض بها عن الصيغتين السابقتين، كما يجب ألا يتبادر إلى الذهن أنه بالإمكان التعويض كليا بهذا النمط عن الأنماط الأخرى لأي إجراء من هذا النوع قد يضحي بالأهداف التعليمية للمؤسسة ويحولها إلى مؤسسة إنتاجية تتوخى الربح، ويحول نشاط الطالب التعليمي إلى عمل العامل أو المزارع في مؤسسات العمل والإنتاج.

قائمة المصطلحات الواردة في الكتاب

# قائمة بالمصطلحات
## الواردة في الكتاب

| | |
|---|---|
| residual factors | العوامل المتبقية |
| discount | درجة الخصم |
| the rate of return | درجة الإعادة |
| productivity | الإنتاجية |
| internal efficiency | الكفاءة الداخلية |
| external efficiency | الكفاءة الخارجية |
| automation | أتمتة |

| | |
|---|---|
| human capital | رأس المال البشري |
| manpower | القوى العاملة |
| training | التدريب |
| human resources | الموارد البشرية |
| social return | العائد الاجتماعي |
| calture | الثقافة |
| consciousness | الوعي |
| economics of aducation | اقتصاديات التعليم |
| Investment | الاستثمار |
| vocational mobility | الانتقال المهني |

| | |
|---|---|
| the cost of education | كلفة التعليم |
| expenditures | النفقات |
| recurring expenditures | النفقات الجارية |
| non-recurring | النفقات الرأسمالية |
| marginal expenditures | النفقات الحدية |
| recurring cost | الكلفة الجارية |
| non- recurrsing cost | الكلفة الرأسمالية أو الثابتة |
| Opportunity cost | كلفة الفرصة |
| marginal cost | الكلفة الحدية |
| cost analysis | تحليل الكلفة |

| | |
|---|---|
| finance in education | التمويل في التعليم |
| national income | الدخل القومي |
| Capital ratio | معدل رأس المال |
| Labour ratio | معدل العمل |
| Out-put ratio | معدل الإنتاج |
| marginal production | الإنتاج الحدي |
| skill | المهارة |
| production function | دالة الإنتاج |
| economic motivations | الدوافع الاقتصادية |
| moral motivations | الدوافع الأخلاقية |

| | |
|---|---|
| wages | الأجور |
| the economic return of education | العائد الاقتصادي للتعليم |

# المراجع العربية

- اسماعيل م.م (٢٠٠٥)، اقتصاديات التعليم، دار الجامعات المصرية، الاسكندرية.
- بدوي، أ، (٢٠٠٦)، قضايا التعليم وسوق العمل، برنامج تدريبي في سوريا، المعهد العربي للتخطيط.
- زحلان، أ (١٩٩٩)، العرب وتحديات العلم والتقانة، مركز دراسات الوحدة العربية، بيروت.
- عبدالقادر، ع وآخرون،) ٢٠٠٦(، العلاقة بين التعليم وسوق العمل وقياس عوائد الاستثمار البشري، المعهد العربي للتخطيط.
- المنظمة العربية للتربية والثقافة والعلوم، ٢٠٠٠، استراتيجية تطوير العلوم والتقانة في الوطن العربي، مركز دراسات الوحدة العربية، بيروت.
- التعليم وسوق العمل: (٢٠٠٤)، ضرورات الاصلاح – حالة الكويت، دراسة مقدمة إلى مؤتمر الاقتصاديين في الكويت.
- تنمية الموارد البشرية، (٢٠٠٢) ،مسح العلاقات والمؤشرات، ورقة بحثية، المعهد العربي للتخطيط.
- مسح التطورات في مؤشرات التنمية ونظرياتها، (٢٠٠٠) دار طلاس، دمشق.
- أ(، الموارد البشرية واستراتيجية تطور العلوم والتقانة في الوطن العربي، (٢٠٠٠) المجلة العربية للعلوم، العدد ١٧ يونيو، تونس.
- ب(، استراتيجية تطوير العلوم والتقانة في الوطن العربي: ١٩٩١) الوظائف والوسائل، المنظمة العربية للتربية والثقافة والعلوم، تونس.
- وزارة التخطيط في اليمن(1998) ، تقرير التنمية البشرية، بالتعاون مع.UNDP

# المراجع الإنجليزية

- Barro & Lee (2000), International Data on Education Attainment: Updates and Implications
  Bartel, A.P. and N. Sicherman,2002. Technological Change and the Skill Acquisition of Young Workers. Journal of Labour Economics, October 16(4), pages 718-755.

- Becker, G.S. (2000). Human Capital: A Theoretical and Empirical Analysis. New York, Columbia University Press.

- Becker, G.S., 2002. An Economic Analysis of Fertility, in

Becker (ed.), Demographic and Economic Change in Developed Countries, pp. 209-231. – Princeton : Princeton University Press.

o   Blaug, M. (2003), The Economic value of Education: Studeis in the Economics of Education. Elgar Reference Collection, Hants.

o   Breton, J. (1999). "L'éducation dans la croissance". Thèse de Doctorat Sciences Economiques, Caen.

o   Bulmer, E.R., 2000. Rationalizing Public Sector Employment in the MENA Region. The World Bank, Washington, DC.

T0157272

Printed in the United States
By Bookmasters